Russland verstehen

Russische Geschichte für Einsteiger

Von der Entstehung Russlands bis heute

Manuel Schneider

INHALT

Das erwartet Sie in diesem Buch 1

Die Entstehung eines ersten „russischen" Staates 4

Landschaftliche und klimatische
Voraussetzungen 4

Die Kiewer Rus (9. Jahrhundert – 1223) 7

Die Mongolenherrschaft und der Aufstieg Moskaus
(1223 – 1547) 11

Invasion und Herrschaft der Mongolen über die
Rus (1223 – 1480) 11

Der Aufstieg Moskaus (14. Jahrhundert – 1547)
.... 14

Das Zarentum Russland (1547 – 1721) 18

Der erste russische Zar: Ivan IV. „der
Schreckliche" (1547 – 1584) 18

Nach einer Zeit der Wirren besteigen die
Romanows den russischen Zarenthron
(1584 – 1676) 25

Die Epoche der zwei „Großen"
(18. Jahrhundert) 28

Peter I. der Große und seine Nachfolger
(1682 – 1762) 28

Katharina II. die Große (1762 – 1796) 35

Zwischen Reform und Repression. Russland im 19. Jahrhundert 40

Vom Sieg gegen Napoleon bis zum verlorenen Krimkrieg 40

Von der Bauernbefreiung bis zum ersten Weltkrieg 48

Die Sowjetunion (20. Jahrhundert) 56

Von der Russischen Revolution bis zum Zweiten Weltkrieg 56

Kalter Krieg und Perestrojka 67

Ausblick: Russland heute 80

Das erwartet Sie in diesem Buch

Sie wollten schon immer mehr über die russische Geschichte erfahren? Sie finden aber kaum Zeit, sich über die über tausendjährige Geschichte des größten Landes der Welt zu Genüge zu informieren? Sie wollten schon immer aktuelle Ereignisse des globalen Geschehens erfassen und dabei besonders die aktuelle russische Politik verstehen? Vielleicht wollen Sie auch einfach nur nach Russland reisen und vorher die Geschichte und die Kultur des Landes besser kennen lernen?

Dann haben Sie zum richtigen Buch gegriffen, denn hier werden kurz und knapp die wichtigsten historischen Ereignisse Russlands skizziert. Wie entstand der heutige russische Staat, aus welchen Vorgängerreichen entwickelte sich die heutige Russische Föderation? Wieso ist Russland heute das größte Land der Welt? Was für Herrschafts-systeme, welche Philosophien und Religionen bildeten sich hier heraus? Diese und noch weitere Fragen sollen in diesem kleinen Sachbuch geklärt werden.

Dabei soll vor allem auf das Verhältnis zwischen (West-)Europa und Russland eingegangen werden. Welche Gemeinsamkeiten bestehen zwischen der westeuropäischen und der russischen Kultur? Wann entwickelte sich die russische Geschichte von der europäischen auseinander? Durch die Klärung dieser Fragen werden Sie die Beziehung zwischen der westlichen Welt und Russland besser durchblicken können. Neben dem Verhältnis zu Europa wird explizit auf die russisch-deutsche Beziehung eingegangen.

Um nicht den Rahmen des Buchs zu sprängen, werden nur die wichtigsten Geschehnisse erwähnt. Eine Vollständigkeit der über tausend-jährigen Geschichte Russlands ist hier kaum zu verwirklichen. Dennoch sollten Sie nach dem Lesen dieses Buches von sich behaupten können, einen gewissen Überblick über die russische Geschichte zu besitzen. Da in Russland die kyrillische Schreibweise genutzt wird, müssen die Namen und Ortsbezeichnungen übersetzt werden. Dafür wird die in Deutschland gebräuchliche Übersetzung verwendet. Die Jahreszahlen nach den Namen geben meist die Regierungszeit der jeweiligen Person an, um diese besser einzuordnen. Bis zur Oktoberrevolution wurde in Russland der julianische Kalender verwendet, weshalb in diesem Buch bis zur russischen Revolution eben diese Datumsangaben verwendet werden. Um im Rahmen des Buches zu bleiben, wird die Geschichte des modernen Russlands, der Russischen Föderation, in diesem Buch ausgelassen. Auf Grundlage der russischen Geschichte bis zum Fall der Sowjetunion können Sie sich anschließend ein eigenes Bild zum modernen Russland bilden.

MANUEL SCHNEIDER

Die Entstehung eines ersten „russischen" Staates

LANDSCHAFTLICHE UND KLIMATISCHE VORAUSSETZUNGEN

R ussland ist mit über 17 Millionen km² das größte Land der Erde. Es reicht im Westen von der Ostsee bis zum Pazifischen Ozean im Osten, im Süden vom Schwarzen und Kaspischen Meer, bis hin zum Arktischen Ozean im Norden. Das Land verbindet die Kontinente Europa und Asien und teilt sich Grenzen mit Ländern wie Polen, der Ukraine, Georgien und Kasachstan bis hin zu China. Doch wie kam es dazu, dass Russland zum größten Land der Erde wurde? Dies soll in den folgenden Kapiteln geklärt werden. Großen Einfluss auf die Entwicklungen der russischen Geschichte übten dessen Landschaft und klimatischen Bedingungen aus. Das Land ist von endlosen Weiten und riesigen Ebenen gekennzeichnet und kaum durch natürliche Barrieren begrenzt.

Bis auf das tropische Klima sind im heutigen Russland alle Klimazonen vertreten, wobei ein starkes Kontinentalklima prägend für das Land ist. Während das Sommerwetter durch Hitze und Trockenheit geprägt ist, können die Temperaturen im Winter bis auf -60°C fallen. Besonders in Russlands Osten sind diese starken Temperaturunterschiede spürbar. Die landschaftlichen und klimatischen Bedingungen setzten menschlicher Besiedlung Grenzen. Da die Hälfte der Böden ständig gefroren sind oder kaum auftauen, siedelte die Bevölkerung zunächst in den südlicheren Gebieten. Durch die offenen Grenzen, die wenig Schutz boten, fühlten sich die Russen vor Einfällen äußerer Mächte bedroht. Dieser Umstand beeinflusste die russische Siedlung und beförderte die russische Expansionspolitik.

Im europäischen Teil Russlands siedelten neben den Slawen finno-ugrische und baltische Völker. Das heutige Russland, aber auch die Staaten Weißrussland und die Ukraine, gingen aus der Volksgruppe der Ostslawen hervor, die sesshafte Ackerbauern und Viehzüchter waren. Bedingt durch das kühle Kontinentalklima, sind die meisten Böden in Russland wenig ertragreich, wodurch sich in der Vergangenheit vereinzelte Missernten und Hungersnöte bemerkbar machten. Als Konsequenz daraus siedelten die Ostslawen im Wald, der zu ihrem traditionellen Lebensraum wurde. Nicht nur, dass Holz als wichtigstes Bau- und Brennmaterial diente, sondern auch als Grundlage für die wichtigsten Wirtschaftssektoren des mittelalterlichen Russlands diente. Jagd und Bienenzucht gehörten zu den bedeutendsten Wirtschaftszweigen, Wachs und Pelze fungierten als wichtige Exportgüter.

Dem Holz kommt aber auch eine religiöse Komponente hinzu: Kirchen und Klöster wurden lange Zeit aus Holz errichtet und die Ikonen, wichtige Kult- und Heiligenbilder in der russisch-orthodoxen Kultur, wurden und werden noch heute aus diesem Material hergestellt.

DIE KIEWER RUS
(9. JAHRHUNDERT – 1223)

Das von den Ostslawen besiedelte Gebiet war zunächst spärlich besiedelt. Ab dem 8. Jahrhundert breitete eine normannisch-skandinavische Oberschicht ihre Herrschaft über die ostslawische Bevölkerung aus. Die Skandinavier, in Russland *Waräger* genannt (im Westen mit den Wikingern gleichzusetzen), versuchten, die Ostsee mit dem Byzantinischen Reich zu verbinden.

Entlang ihrer Handelswege, die über Flüsse ins Schwarze Meer mündeten, entstanden neue Herrschaftszentren, die wie Leuchttürme aus den Weiten des russischen Landes hervortraten. Zu diesen Stadtgründungen auf dem *„Weg von den Warägern zu den Griechen"* zählen Kiew und (Weliki) Nowgorod. Das Gebiet der hier siedelnden ostslawischen Stämme wurde in der Folgezeit als *„Rus"* bezeichnet, woraus die Bezeichnung für Russland hervorging. In der Geschichtsschreibung existieren mehrere Ursprungs-theorien zum Begriff „Rus". Eine der gängigeren Theorien besagt, dass die Rus nach einem Warägerstamm aus dem heutigen Schweden benannt wurde.

Im 9. Jahrhundert formierte sich als Folge dieser Entwicklung der erste ostslawische Staat der Ge–

schichte: Die *Kiewer Rus*. In diesem Staatengebilde kristallisierte sich ein einheitliches altrussisches Volk heraus, aus welchem das heutige russische, ukrainische und weißrussische Volk hervorgingen. Die herrschende Schicht der Waräger wurde im Verlauf eines Jahrhunderts slawisiert, wohingegen die Bezeichnung „Rus" auf die Bewohner überging. Im 9. und 10. Jahrhundert entwickelte sich die heutige Hauptstadt der Ukraine, Kiew, zum unangefochtenen Zentrum der Rus. Dies lag daran, dass der Großfürst der Rus seinen Sitz von Nowgorod nach Kiew verlegte. Daher auch die Bezeichnung Kiewer Rus.

Als einer der bedeutendsten Herrscher der Kiewer Rus gilt der Großfürst *Wladimir der Heilige* (980 – 1015). Unter seiner Herrschaft wurde das Christentum 988/89 zur Staatsreligion erhoben. Einer der größten kulturellen Unterschiede zwischen Russland und (West-)Europa liegt in dieser Zeit verankert: Die Missionierung der Kiewer Rus geht auf das Byzantinische Reich zurück. Deshalb wurde das orthodoxe Christentum griechisch-byzantinischer Prägung angenommen. Enge kulturelle Beziehungen zum römisch-katholischen Westen wurden dadurch aufgehalten. Für Russland entwickelte sich das orthodoxe Christentum zu einer tragenden gesellschaftlichen Säule und diese ist es bis heute geblieben. Hinzu kommt eine dynastische Verbindung zum Herrscherhaus von Konstantinopel. Wladimir heiratete die Schwester des Oströmischen Kaisers, ein Novum für die damalige Zeit: eine „purpur-geborene" heiratet einen „Barbaren". All diese Prozesse führten auf dem Gebiet der Kiewer Rus zu einer Verbindung von skandinavischer Oberschicht und Herrschaft, einer überwiegend ostslawischen Bevölkerung sowie einer byzantinisch-griechischen Kultur und Religion. Aus diesen Merkmalen bildete sich der Vorgängerstaat von Russland, Weißrussland und der Ukraine heraus.

Trotz verschiedener Differenzen bestanden auch Anknüpfungspunkte zwischen der Kiewer Rus und den europäischen Mächten dieser Zeit. Da die Rus einen Brückenkopf nach Asien bildet, entstanden enge Handelsbeziehungen zu Europa. Ab dem 11. Jahrhundert bestanden zwischen den Kiewer Fürsten und den europäischen Dynastien verwandtschaftliche Beziehungen, unter anderem zu Skandinavien, England, Polen, Byzanz oder dem Heiligen Römischen Reich. Mit dem Heiligen Römischen Reich teilt sich die Kiewer Rus eine weitere Gemeinsamkeit: Das Land bildet keinen einheitlichen Staat, sondern besteht aus einer Vielzahl von selbstständigen Teilfürstentümern. Diese

Teilfürstentümer unterstanden dem Großfürsten von Kiew, wie auch die Fürsten des Heiligen Römischen Reichs dem Kaiser unterstellt waren. Einer der Fürsten erbte die Großfürstenwürde, als einzige Voraussetzung musste er lediglich der Rurikiden-Dynastie entstammen, benannt nach Rurik, dem ersten Waräger-Fürsten auf russischem Boden. Aufgrund einer ungeregelten Thronfolge entstanden im 11./12. Jahrhundert Unruhen, die bis hin zu blutigen Fehden zwischen den einzelnen Fürsten führen konnten.

Neben Kiew bildeten sich weitere Zentren heraus. Im Norden das bereits erwähnte Nowgorod. Die reiche Kaufmannsstadt entwickelte sich zu einer einflussreichen Adelsrepublik mit Verbindungen zur deutschen Hanse. Weiter östlich entstand mit Wladimir-Susdal ein neues Zentrum. Durch fortwährende Erbfolgekriege zerfiel die Kiewer Rus ab Mitte des 12. Jahrhunderts zunehmend. Laut der „Nestorchronik", der ältesten erhaltenen ostslawischen Chronik und eine der wichtigsten schriftlichen Quellen für die Geschichte der Kiewer Rus, bestand das Kiewer Reich im 12. Jahrhundert aus mehr als hundert Städten mit einer Gesamtbevölkerung von vier bis neun Millionen Menschen.

Die Mongolenherrschaft und der Aufstieg Moskaus (1223 – 1547)

INVASION UND HERRSCHAFT DER MONGOLEN ÜBER DIE RUS (1223 – 1480)

Unter der Führung Dschingis Khans (ca. 1155/1167 – 1227) begannen die Mongolen 1206 weite Teile Asiens und Europas zu erobern. 1223 trafen die ersten mongolischen Reiter (in der Rus als „*Tataren*" bezeichnet) mit den Fürstentümern der Rus aufeinander. Die bereits zuvor geschilderten inneren Konflikte erleichterten den Einfall der Mongolen. Unter der Führung von Batu (1205 – 1255), einem Enkel Dschingis Khans, drangen die Tataren 1237 in die Fürstentümer Rjasan und Wladimir ein. Nowgorod blieb verschont, da die klimatischen Verhältnisse eine Eroberung verhinderten. Deshalb zog Batu weiter in den Süden und eroberte 1240 die alte Reichshauptstadt Kiew. Anschließend begaben sich die mongolischen Reiter nach Polen und Ungarn. Während der Mongolensturm für die Polen und Ungarn nur eine vorübergehende Episode bedeutete, stellte die Invasion für die Fürstentümer der Rus die dauerhafte Unterwerfung unter mongolischen Oberherrschaft dar.

Durch den Angriff der Mongolen wurde die osteuropäische Geschichte von 1240 bis ins 15. Jahrhundert von der westeuropäischen getrennt. Osteuropa ging in den Einflussbereich der „*Goldenen Horde*" über, eines der Teil-Khanate des mongolischen Reichs. Die russische Geschichtsschreibung betitelt diese Zeit als „*Tatarenjoch*"und „*dunkles Zeitalter*". Auf die mongolische Fremdherrschaft folgte ein Abbruch der Beziehungen zum Westen.

Ein Rückgang der Bevölkerung sowie der wirtschaftlichen Entwicklung innerhalb der Rus ist zu vermerken. Als Reaktion auf die Einfälle der Steppenreiter wurde eine Wanderbewegung ausgelöst. Die ostslawischen Bauern in den südlichen Steppengebieten zogen weiter in den russischen Wald bis in die nördliche Taiga, sodass sich das traditionelle Siedlungsgebiet der Ostslawen in den Norden verschob.

Jedoch wurden die Fürstentümer der Rus nicht vollständig in die Goldene Horde eingegliedert, die Mongolen übten viel mehr eine indirekte Herrschaft aus. Den Fürsten wurde innere Autonomie gewährt, während der orthodoxe Glaube nicht angetastet wurde. Dafür mussten die Fürsten Tributzahlungen leisten und Hilfstruppen zur Verfügung stellen. Für die Eintreibung des Tributs war der Großfürst verantwortlich, den fortan die Mongolen bestimmten. Nach dem Fall Kiews residierte der Großfürst seit 1263 in Wladimir. Während die Bedeutung Kiews sank, konnten sich neue Machtzentren herausbilden.

Dazu zählen das Fürstentum Wladimir-Susdal und der Freistaat Nowgorod, mit großem Landbesitz im Norden Russlands, vom Ladogasee bis zum Uralgebirge. In Nowgorod formierte sich zusätzlich der antimongolische Widerstand, da sich die Adelsrepublik die größte Unabhängigkeit bewahren konnte. Allerdings wurde Nowgorod von anderen Mächten bedroht, unter anderem vom Deutschen Ritterorden und den Schweden. Unter der Führung von Alexander Newski (um 1220 – 1263) konnten sich die Nowgoroder diesen Einfällen erwehren. Newski gilt in Russland als einer der wichtigsten Nationalhelden, von der orthodoxen Kirche wurde er zum Heiligen ernannt. Er regierte ab 1236 als Fürst in Nowgorod und ab 1252 als Großfürst in Wladimir. Der Goldenen Horde blieb er allerdings immer tributpflichtig.

DER AUFSTIEG MOSKAUS (14. JAHRHUNDERT – 1547)

Zwar konnten die Fürstentümer der Rus eine gewisse Autonomie erhalten, dennoch lagen sie unter mongolischer Fremdherrschaft. Die südlicheren Fürstentümer mussten sich gegen die Einfälle der Reiternomaden erwehren, wohingegen die nördlichen und westlichen Fürstentümer durch Angriffe der Schweden, Litauern oder den deutschen Ordensrittern bedroht wurden. Im Hintergrund dieser Krisen und Bedrohungen konnte ein Fürstentum zum neuen Machtzentrum aufsteigen: Moskau. Zu Beginn des 13. Jahrhunderts noch eine unbedeutende Festungsstadt, die durch umliegende Sümpfe und Wälder Schutz vor Einfällen fand, stieg Moskau in den folgenden Jahrhunderten zum unangefochtenen Machtzentrum der Rus auf. Durch einen stetigen Machtzuwachs nach innen wie nach außen entwickelte sich das Fürstentum Moskau zur Keimzelle des russischen Staates. In der westeuropäischen Literatur wird dieses Reich auch „*Moskowien*" genannt.

Im 14. Jahrhundert entzündete sich ein Kampf um die Vorherrschaft innerhalb der Rus. Neben Moskau machte auch das Fürstentum Twer seine Ambitionen auf die Großfürstenwürde bemerkbar. Zwei Ereignisse stärkten die Position Moskaus in dieser Auseinandersetzung. Im Jahr 1326 verlegte der russisch-orthodoxe Metropolit, das bis zur Gründung eines eigenen russischen Patriarchats 1589 höchste Amt innerhalb der russischen Kirche, seinen Sitz nach Moskau. Zuvor residierte dieser im Kiew und Wladimir. Zwei Jahre später wurde der Moskauer Fürst Iwan I. (1328 – 1341) durch den mongolischen Khan zum Großfürsten erhoben. Da nun die weltliche und kirchliche Macht in Moskau konzentriert waren, konnten die Fürsten von Moskau den Anspruch auf die legitime Nachfolge der Kiewer Rus erheben.

Mit steigender Macht begannen die Moskauer Fürsten ab dem Großfürsten Dmitrij Donskoj (1359 – 1389), ihren Einflussbereich auf die anderen Fürstentümer auszuweiten. Es begann die Periode, die in der russischen Geschichtsschreibung als *„Sammlung der russischen Erde"* bezeichnet wird. Die Moskowiter wollten eine Wiederherstellung der Kiewer Rus unter Moskauer Vorherrschaft erlangen, dafür führten sie im 14. und 15. Jahrhundert eine Reihe von Kriegen. Allerdings war die Vorherrschaft der Mongolen den Moskowitern ein Dorn im Auge. Moskau konnte nur weiter aufsteigen, indem es die Herrschaftsverhältnisse umkehrte. Als wichtiger Meilenstein bei der Beseitigung des Tatarenjochs gilt die *Schlacht auf dem Schnepfenfeld* 1380. Unter Führung von Dmitrij Donskoj konnten Moskau und seine Verbündeten die Goldene Horde erfolgreich besiegen.

Es bestand jedoch noch eine gewisse Oberherrschaft der Mongolen und auch die mongolischen Einfälle ließen nicht nach. Letztlich konnte die Goldene Horde nicht mehr zur alten Machtentfaltung gelangen. Moskau wurde immer mehr als Befreier der Rus gefeiert. Großfürst Iwan III., der Große (1462 – 1505) betrieb wie seine Vorgänger die Sammlung der russischen

Erde. 1471 und 1474 wurden Jaroslawl und Rostow annektiert, 1478 folgte Twer.

Als letztes Teilfürstentum wurde die Stadtrepublik Nowgorod gewaltsam unterworfen und in das Moskauer Reich eingegliedert. Parallel zur Sammlung der russischen Erde unterbrach Iwan III. die Tributzahlungen an die Goldene Horde. Die Mongolen zogen als Reaktion darauf gegen Moskau und seine Verbündeten. Hundert Jahre nach der Schlacht auf dem Schnepfenfeld kam es 1480 zum sogenannten *„Stehen an der Ugra"*. Das Ereignis gilt als das endgültige Abschütteln der mongolischen Vorherrschaft. Die Moskauer Großfürsten bekräftigten durch die Befreiung ihre Führungsrolle innerhalb der Rus. Der Sohn Iwans III., Wassili III. (1505 – 1533), erweiterte das Moskauer Reich in Richtung Westen. Damit trat Moskau in die Fußstapfen des untergegangenen Kiewer Reichs.

Das Zarentum Russland (1547 – 1721)

DER ERSTE RUSSISCHE ZAR: IVAN IV. „DER SCHRECKLICHE" (1547 – 1584)

Zum Übergang ins 16. Jahrhundert konnten die Moskauer Großfürsten einen enormen Machtzuwachs nach innen wie außen erreichen. Das russische Reich wurde wieder etappenweise in die europäische Staatenwelt aufgenommen. Es sind wachsende Kontakte zum westlichen Ausland zu vermerken. Für spezielle Arbeiten im Innern des Reichs wurden mehr westliche Fachkräfte angeworben, während immer mehr Russen, die ihre Fachkenntnisse erweitern wollten, Auslandsreisen unternahmen. Zwischen den Oberschichten Westeuropas und des Moskauer Reichs fand wieder eine Art kultureller Austausch statt. Dennoch entwickelte sich das russische Herrschaftsgebiet unabhängig von Westeuropa. Die meisten westlichen Herrscherhäuser betrachteten das russische Reich als rückständig und dem Westen nicht gleichrangig. Um die Anerkennung ihrer neuen Macht auch international zu erlangen, war eine neue Titulatur notwendig.

Seit Ende des 15. Jahrhunderts betitelten sich die Moskauer Fürsten als „Herrscher der ganzen Rus". Da sich aber im Westen ein Teil der ehemaligen Rus unter litauischer Herrschaft befand, war die Bezeichnung „Herrscher der ganzen Rus" nicht tragbar. In dieser Zeit etablierte sich langsam der Zarentitel als Alternative zum Großfürstentitel *(weliki knjas)*. Der Herrschertitel *Zar* ist den meisten Menschen durch die russischen Monarchen bekannt, wurde aber schon seit Ende des 9. Jahrhunderts von den Bulgaren und später von den Serben verwendet. Allerdings liegt der Ursprung des Begriffs außerhalb der slawischen Welt. Wie auch der Kaiser-Titel in Westeuropa geht der Begriff Zar auf den Herrschertitel Caesar und letztlich auf den römischen Staatsmann und Feldherrn Gaius Julius Caesar zurück. Doch bis der erste Zar des Moskauer Reichs den Thron besteigen konnte, mussten noch einige Grundvoraussetzungen erfüllt werden.

Neben dem Abschütteln des Tatarenjochs, zählt dazu die 1453 erfolgte Eroberung Konstantinopels, das heutige Istanbul, durch die Türken. Das Ereignis brachte der russischen Kirche *Autokephalie*, was kirchliche Unabhängigkeit bedeutet. Nicht mehr das Oberhaupt der griechisch-orthodoxen Kirche, der ökumenische Patriarch von Konstantinopel, sondern der Moskauer Großfürst bestätigte den russischen Metropoliten in seinem Amt. Anschließend nahm sich Iwan III. die Nichte des letzten byzantinischen Kaisers zur Frau, wodurch er sich als rechtmäßigen Nachfolger des untergegangenen Byzantinischen Reichs sah. Verbunden mit seinem Sieg gegen die Tataren fühlte er sich mächtig genug, sich im Verkehr mit äußeren Mächten inoffiziell als Zaren zu bezeichnen. Doch noch war er „nur" Großfürst von Moskau, genauso wie auch sein Sohn Wassili III.

Nach dem Fall Konstantinopels stiegen die Moskauer Großfürsten zu den führenden Vertretern der orthodoxen Christenheit auf. Es entstand die vom Mönchen Filofej um 1500 konstruierte Theorie Moskaus als

„*Drittes Rom*". Moskau wurde zur neuen orthodoxen Heilsstadt erklärt. Orthodoxe Christen im nun osmanischen Einflussbereich flohen nach Norden in das russische Herrschaftsgebiet. Das Russische Reich stellte nun die einzige christlich-orthodoxe Großmacht dar, die nicht unter islamischer Herrschaft stand. Die Theorie besagt so viel wie: Das „erste Rom" sei aus orthodoxer Sicht nach dem Untergang des (West-)Römischen Reichs und der Annahme des römisch-katholischen Glaubens vom rechten Glauben abgekommen. Das „zweite Rom" (Byzanz) sei ebenfalls untergegangen, aber das „dritte Rom" (Moskau) stehe noch und ein viertes würde es nicht mehr geben. Moskau bekräftige seine Großmachtansprüche ideologisch, indem es sich als Nachfolgerin des Römischen und Byzantinischen Reichs darstellte. All diese Entwicklungen führten zu einer überaus machtvollen Herrscherposition, die kennzeichnend für die russische Herrschaftsform wurde: die *Autokratie* oder *Selbstherrschaft*. Im Unterschied zum Westen wurden Kirche und Adel in ihrer Macht beschnitten, was zu einer fast absoluten Herrschaft des Fürsten führte.

Als Wassili III. 1533 verstarb, war dessen Sohn Iwan IV. gerade mal drei Jahre alt. Seine Zukunft war keinesfalls gefestigt. Zunächst übernahm seine Mutter die Regentschaft, als sie aber fünf Jahre später ebenfalls verstarb, kam es zu erbitterten Machtkämpfen zwischen den *Bojaren*, dem russischen Hochadel. Verschiedene Bojaren-Familien stritten um die Gunst des unmündigen Herrschers, wobei Iwan mehr und mehr zum Spielball der Auseinandersetzungen wurde. Als Iwan das 16. Lebensjahr erreichte, ließ er sich 1547 mit Unterstützung der Kirche als erster russischer Fürst zum Zaren krönen. Mit Iwan IV., der den Beinamen „der Schreckliche" erhielt, folgte ein russischer Herrscher, der aufgrund seiner negativen Kindheitserfahrungen die Macht der Bojaren endgültig brechen wollte. Sein deutscher Beiname „der Schreckliche" ist allerdings nicht die genaue Übersetzung des russischen Wortes „grosny". Viel eher lässt es sich als der „Bedrohliche" oder „Furcht-einflößende" übersetzen. Sein Ruf verbreitete sich schon zu seinen Lebzeiten an westeuropäischen Höfen, woher auch die Übersetzung „der Schreckliche" stammt.

Seine Herrschaft begann zunächst mit einer Reformperiode. Trotz seines Reformwillens verstand sich Iwan stets als ein uneingeschränkter und von Gott eingesetzter Selbstherrscher. Das Bojarentum wurde zunehmend vom Dienstadel als wichtigste Stütze der Verwaltung verdrängt.

Während der Hochadel beschränkt wurde, ist zwischen weltlicher und kirchlicher Macht ein harmonisches Miteinander zu vermerken. In der (orthodoxen) Theologie nennt man diese Konstellation „*Symphonia*". Es wird als Ideal einer harmonischen Beziehung zwischen Kirche und Staat gesehen. Dieses Verhältnis sollte prägend für die zukünftige russische Geschichte werden. Auf Iwans Reformperiode folgte eine Terrorherrschaft, die die Kehrseiten der uneingeschränkten Macht des Autokraten deutlich zu Tage brachten. Er zog sich aus Moskau zurück, verbannte einen Großteil seiner engsten Berater und ließ Bojaren enteignen und hinrichten oder schickte sie ins Kloster. Ihre Güter erhielten ihm treu ergebene Dienstadlige, die sich ihm wiederum aus Dank für ihren sozialen Aufstieg als verpflichtet ansahen. Der Teufelskreis wiederholte sich, indem nun aufgestiegene Dienstadlige verfolgt wurden.

Außenpolitisch trat das Reich unter Iwan in eine neue Etappe seiner Geschichte ein. Ziel war es, das gesamte Wolgabecken zu erobern, ein Fluss, der wie kein anderer Russlands Geschichte symbolisiert. Allerdings stand ein großer Teil des Wolgabeckens unter der Kontrolle der Nachfolgekhanate der Goldenen Horde. Damit ging das Moskauer Reich über das traditionelle

Sammeln der russischen Erde hinaus. Durch die lang-anhaltende wirtschaftliche Blüte und eine militäri-schen Überlegenheit fühlte sich Iwan bereit, dieses Ziel zu erreichen. Nach zwei vergeblichen Versuchen wur-den 1552 das an der mittleren Wolga liegende Khanat Kasan und vier Jahre später das an der Wolgamündung ins Kaspische Meer liegende Khanat Astrachan einge-nommen. Darauf folgte die langsame Eroberung und Erschließung Sibiriens.

Das Russische Reich wurde zu einem Vielvölker-reich, was Russland noch heute ist. Ein weiteres Ziel russischer Außenpolitik war der Zugang zu einem eis-freien Meer. Iwan richtete dabei sein Augenmerk auf die Ostsee. Dieses Ziel konnte er aber nicht erreichen, die Konflikte mit Polen-Litauen und Schweden ver-schärften sich. Der einzige russische Hafen für den Handel mit dem Westen befand sich in Archangelsk im hohen Norden am Weißen Meer. Der Hafen war aber einen Großteil der Zeit gefroren und daher unpassier-bar.

NACH EINER ZEIT DER WIRREN BESTEIGEN DIE ROMANOWS DEN RUSSISCHEN ZARENTHRON (1584 – 1676)

Während Iwans Herrschaftszeit wechselten sich große Erfolge mit großen Krisen ab. Als er 1584 starb, hinterließ er ein keinesfalls gefestigtes Reich. War Iwan noch ein uneingeschränkter Selbstherrscher und Zar, so folgte auf ihn sein geistig zurückgebliebener Sohn Fjodor (1584 – 1598), da seine anderen Söhne verstarben. Fjodor konnte aber nicht die gleiche Macht ausüben wie sein Vater.

Nach seinem Tod 1598 erlosch die jahrhundertealte Dynastie der *Rurikiden*, die seit Beginn des Kiewer Reichs über die Länder der Rus geherrscht hatte. Fjodors Nachfolger Zar Boris Godunow (1598 – 1605), der zuvor die Regentschaft für Fjodor innehatte, schaffte es nicht, die inneren Verhältnisse im Land zu verbessern. Zusätzlich wurde das Reich von äußeren Einfällen bedroht. Mit dem Tode von Boris Godunow 1605 stürzte das Land ins Chaos, die folgenden acht Jahre wurden von schweren politischen Unruhen begleitet. Diese Periode ging als *„Zeit der Wirren" (Smuta)* in die russische Geschichtsschreibung ein. Im Innern wurde um die

Thronfolge gestritten, von außen versuchten Länder wie Schweden und Polen-Litauen die Krise des russischen Reichs auszunutzen, um einen von ihnen kontrollierten Herrscher einzusetzen. Polen gelang dieses Vorhaben, 1610 marschierten sie in Moskau ein. Lange konnten sie ihre Stellung nicht halten, ein Volksaufstand führte zu ihrer Vertreibung. Die Zeit der Wirren hielt von 1598 bis 1613 an, in diesem Zeitraum herrschten fünf Regenten auf dem Zarenthron, wovon die meisten Ausländer waren oder sich diesen unterstellten. Aufgrund der Erfahrungen suchten die Russen einen neuen nationalen und orthodoxen Zaren. Durch eine Reichsversammlung, dem *„Semski Sobor"*, wurde der erst 16-jährige Michail Romanow zum neuen Zaren gewählt. Damit begann die Herrschaft der Romanows über Russland, die erst mit der Oktoberrevolution 1917 endete.

Zar Michael I. (1613 – 1645) sorgte dafür, dass wieder stabile Verhältnisse in das Land einkehren konnten und stärkte die Position des Zaren als Autokrat. Dafür gab es mehrere Gründe: Die Kichre trat für eine Stärkung der Selbstherrschaft ein, da die geistlichen Autoritäten die zaristische Macht benötigten. Der kleine und mittlere Dienstadel war wiederum auf den Schutz vor dem hohen Dienstadel durch den Zaren ange–

wiesen. Die Bauern sehnten sich nach der unstabilen Zeit der Wirren einfach nach Sicherheit und hießen deshalb einen starken Herrscher willkommen.

Sein Sohn Zar Alexei I. (1645 – 1676) folgte zum großen Teil der Politik seines Vaters. Mit dem *„Prikas"* schuf er ein Kontrollorgan, welches ihm noch mehr Macht verschaffte und die Autokratie stärkte. Auf eine steigende Unterdrückung der Bauern folgten Aufstände, weshalb 1649 ein neues Reichsgesetzbuch, das *„Sobornoje Uloschenije"*, erlassen wurde. Dieses zementierte die Leibeigenschaft der Bauern. Nach außen hin konnte das Reich bedeutende Gebietserweiterungen erreichen. Zwischen 1654 und 1667 sicherte sich das Moskauer Reich Smolensk, die alte Reichshauptstadt Kiew und die Ostukraine. Im Osten expandierte das Reich immer weiter nach Sibirien, bis es 1648 zur Pazifikküste gelangte. Im Westen grenzte das Reich nun an Polen-Litauen, während im Osten eine gemeinsame Grenze zu China bestand. Das internationale Ansehen Russlands ist während seiner Regierungszeit erheblich gestiegen.

Die Epoche der zwei „Großen" (18. Jahrhundert)

PETER I. DER GROSSE UND SEINE NACHFOLGER (1682 – 1762)

Nach dem Tod Alexejs 1676 und dessen Sohnes Fjodor III. 1682, der aufgrund zahlreicher Krankheiten den Großteil seiner kurzen Regierungszeit bettlägerig war, übernahm Alexejs Tochter Sofia Alexejewna die Regentschaft für gleich zwei unmündige Zaren: Iwan V. und dessen Halbbruder Peter I. So wie Sofias Regentschaft (1682 – 1689) immer unbeliebter wurde, stieg im gleichen Maße die Popularität Peters. Die Regentin Sofia fürchtete die Volljährigkeit des jungen Zarewitschs, wie die russischen Thronfolger genannt wurden, da ihr dadurch eine Absetzung drohte. Nach einem gescheiterten Komplott gegen Peter wurde sie in Moskaus bekanntestes Kloster verbannt, das Nowodewitschi-Kloster. Mit dem Tode Iwans V., der aufgrund seiner Behinderungen ohnehin von den Regierungsgeschäften ferngehalten wurde, konnte Peter ab 1696 die alleinige Herrschaft übernehmen.

Zar Peter I. der Große (1682 – 1725), der nicht nur aufgrund seiner Taten so genannt wurde, sondern auch wegen seiner für damalige Verhältnisse hohen Körpergröße, gab dem russischen Reich eine neue Prägung. Zum Zeitpunkt seines Herrschaftsantritts war das russische Zarenreich in weiten Teilen noch mittelalterlich geprägt, der technologische Rückstand gegenüber Europa vergrößerte sich zunehmend. Trotz vermehrter Kontakte zum westlichen Ausland seit Iwan IV., betrieben die Zaren im Verbund mit der Kirche eine Abschirmungspolitik. Durch Peter wurde Russland dauerhaft in die (west-)europäische Staatengemeinschaft integriert.

Nach dem Tod seiner konservativen Mutter, nahm er sich ab 1694 eines radikalen Umbaus des alten Moskauer Reichs nach modernem, westlichem Vorbild an.

Ziel seiner Reformen war es, die internationale Kampf-
kraft des Russischen Reichs zu erhöhen. Dafür wollte
er das Heer vergrößern und besser ausstatten, dazu benötigte es aber zusätzliches Geld, welches durch ein
höheres Steueraufkommen gedeckt werden sollte. Bereits in seiner Jugend hielt sich der Zar in der Moskauer Ausländer-Vorstadt auf. Um seine Modernisierung umzusetzen, unternahm Peter 1697 eine Aus-
landsreise, die sogenannte „Große Gesandtschaft". Zar
Peter besuchte unter anderem England und die Nieder-
lande, wo er sich ein Bild von Westeuropa, seines Wis-
sens und seiner Technik machte.

Die petrinischen Reformen beförderten das riesige
Reich in die Moderne. Mit den Traditionen des alten
Moskauer Reichs wurde gebrochen. Am Ende der Reformen stand ein neues Russland, dass sich zu den europäischen Großmächten einreihte. Nachfolgend werden einige der wichtigsten Reformen und Neuerungen
zusammengefasst. Um die Verwaltung des riesigen
Reichs zu verbessern, teilte er es zunächst in acht, später in elf Gouvernements ein. Für die Modernisierung
holte er zahlreiche ausländische Fachkräfte in das
Land. Um mit den alten Moskauer Traditionen zu brechen, verlegte er die Hauptstadt von Moskau in das seit
1703 neu entstehende St. Petersburg.

Die Hauptstadtverlegung diente als ein Signal zur Öffnung zum Westen und wurde deshalb als *„das Fenster zum Westen"* bezeichnet. 1700 verstarb der russisch-orthodoxe Patriarch, ein neuer wurde nicht eingesetzt. Peter verfolgte eine Politik, in der er die Kirche vollständig dem Staat unterordnete.

Für die Verwirklichung seiner Vorhaben benötigte der Zar ein gebildetes Volk, jedoch bestand das russische Volk zum Großteil aus Analphabeten. Nach weiteren Auslandsaufenthalten, unter anderem im Heiligen Römischen Reich 1711/13, modernisierte er das Bildungswesen nach deutschem Vorbild. Zusätzlich führte Peter den julianischen Kalender ein, auch wenn dieser in Europa bereits durch den gregorianischen ersetzt wurde. Eine Schriftreform wurde durchgeführt sowie die Russische Akademie der Wissenschaften 1725 in St. Petersburg gegründet. Im Kampf gegen die althergebrachten Traditionen verbot er den Russen, ihre traditionelle Kleidung zu tragen und zwang sie dazu, die westliche, funktionale Kleidung zu tragen und sich die Vollbärte abzurasieren. Bis zu Peters Machtantritt, trugen die meisten Russen, die überwiegend Bauern waren, einen Vollbart. Das Abrasieren bedeutete einen sinnbildlichen Bruch mit den alten Traditionen. Um das Hauptziel seiner Reformen zu

erreichen, die Verbesserung der militärischen Schlag-
kraft, förderte Peter die Wirtschaft. Er strukturierte das
Heer um und stattete die neu entstandene Marine mit
Schiffen und Ausrüstung aus. Das gesamte Militärwe-
sen wurde nach westeuropäischem Vorbild reformiert.

Gestärkt durch seine (Militär)Reformen führte Peter eine Reihe von Kriegen. Dabei ist insbesondere der
„Große Nordische Krieg" (1700 – 1721) hervorzuheben.
Alten russischen Vorstellungen folgend, versuchte er
einen Zugang zum Meer zu erlangen. Der Weg über
das Schwarze Meer ins Mittelmeer wurde ihnen durch
das Osmanische Reich versperrt, während das nordische Meer einen Großteil des Jahres gefroren ist. Peters
Ziel war deshalb: die Ostsee. Der Krieg startete für
Russland zunächst mit einer Reihe von Rückschlägen.
Durch die voranschreitende Moderni-sierung der Armee konnten die Russen 1709 einen ersten Sieg verbuchen. Nachfolgend wurden Livland und Estland erobert und der Zugang zur Ostsee hergestellt. Das Russische Reich löste nach dem Friedensschluss 1721
Schweden als Ostseegroßmacht ab und wurde wieder
in das europäische Staaten- und Bündnissystem integriert.

Als Folge auf den Sieg nahm Peter I. 1721 den Titel
„Imperator und Selbstherrscher (Autokrat) aller Russen –

Zar zu Moskau, Kiew, Wladimir, Nowgorod, Kasan und Astrachan" bzw. *„Kaiser alles Russen"* an. Die offizielle Bezeichnung Russlands änderte sich ebenfalls. Der Terminus *„Imperija"* (Imperium) löste das bis dahin gebräuchliche *„Zarstwo"* (Zarentum) ab. Im Sprachgebrauch etablierte sich die bis dahin nur selten genutzte hellenistische Form *„Rossija"*, die älteren Begriffe Rus oder Moskowien verschwanden allmählich.

Damit war der Übertritt in eine neue Periode der russischen Geschichte vollbracht. Das Kaiserreich Russland stieg im 18. Jahrhundert zur Kontinentalmacht auf. Das Jahrhundert kann auch als das Jahrhundert der Kaiserinnen bezeichnet werden. Da Peter keine männlichen Nachkommen hatte, folgte ihm 1725 seine Frau Katharina I., die zwei Jahre danach verstarb. Nach der kurzen Amtsperiode Peters II., dessen Herrschaft eher unbedeutend war und der früh ohne Nachkommen zu hinterlassen verstarb, endete die männliche Linie der Romanows. Auf ihn folgte erneut eine Kaiserin.

Kaiserin Anna I. (1730 – 1740), eine Tochter von Peters Halbbruder Iwan V., machte viele der Petrinischen Reformen rückgängig, vernachlässigte die Bildung und gab Staatsgelder für verschwenderische Hofzeremonien aus. Ihre Herrschaftszeit ist von einem starken Einfluss besonders von deutscher Ausländer geprägt, sie selbst war mit einem Deutsch-Balten verheiratet. Die russischen Adligen warfen Anna Günstlingswirtschaft unter ihren deutschen Favoriten vor und beklagten den Machtzuwachs der Deutschen. Annas Herrschaft und die ihres Neffen und Nachfolgers sorgten für Unmut und die Hofpartei wurde zunehmend mit den verhassten Ausländern identifiziert. 1741 stürzte Elisabeth Petrowna, die Tochter Peter I., die herrschende Hofpartei und ließ sich zur Kaiserin krönen.

Die Regierungszeit Elisabeth I. war das Gegenteil der Herrschaft Annas. Statt an ausländische Spezialisten, vergab sie hohe Staatsämter wieder an Russen. Peters Reformen wurden wieder aufgegriffen, Ziel war immer noch die Modernisierung Russlands. Unter ihr wurde die Moskauer Staatsuniversität gegründet, sie erließ liberale Gesetze, förderte die Künste und Architektur. St. Petersburg stieg endgültig zur bedeutenden Metropole auf. Außenpolitisch und kulturell kam es zu einer Annäherung an Frankreich.

KATHARINA II. DIE GROßE
(1762 – 1796)

In die Regierungszeit Elisabeths fällt der Siebenjährige Krieg (1756 – 1763). Russland stand auf der Seite von Österreich und Frankreich und beteiligte sich am Kampf gegen Preußen, das mit Großbritannien verbündet war. Alle europäischen Großmächte waren an diesem Krieg beteiligt, der auch außerhalb Europas geführt wurde. Dem Russischen Kaiserreich gelang es im Verlaufe des Krieges, Ostpreußen zu erobern, Preußen drohte eine Niederlage. Der Tod Elisabeths 1762, der als „Mirakel des Hauses Brandenburg" in die Geschichtsbücher einging, bedeutete die Wende im Krieg.

Auf Elisabeth folgte ihr preußenfreundlicher Neffe Peter III. (1762), dessen Vater der Herzog von Schleswig-Holstein-Gottorf war. Als glühender Fan von Friedrich II. dem Großen, erklärte er Preußen einen bedingungslosen Frieden und trat alle eroberten Gebiete ab. Die totale Niederlage Preußens war abgewandt. Der bedingungslose Frieden führte jedoch dazu, dass die Unbeliebtheit Peters III. im Volk zunahm. Es fühlte sich betrogen, ihre Opfer im Krieg seien umsonst gewesen. Alles in allem währte seine Herrschaft nur ein halbes Jahr. Peter III. nahm einige Reformen vor, die ihn aber zunehmend unbeliebter machten. Auf die Unzufriedenheit folgte eine Verschwörung, in dessen Folge Peter umgebracht wurde. Seine Ehefrau Katharina II. die Große (1762 – 1796) bestieg nun, gestützt durch den russischen Adel, den russischen Kaiserthron. Sie galt allgemein als fähige Herrscherin und als Gegenteil Peters III.

Auf die Welt kam Katharina in Preußen als Sophie Auguste Friederike von Anhalt-Zerbst. Deshalb hob sie Peters Bestimmungen bezüglich Preußens nicht auf. In der Geschichtsschreibung ist sie die einzige Herrscherin, der der Beiname „die Große" verliehen wurde. Jedoch wird ihre Herrschaftszeit ambivalent beurteilt. Wie auch Friedrich der Große von Preußen, gilt Katharina als eine Repräsentantin des „aufgeklärten Absolutismus". Ihre Ideen zu Themen wie Gewaltenteilung oder einer Liberalisierung des Strafrechts diskutierte sie in einem regen Briefwechsel mit bedeutenden Aufklärern wie Voltaire und Diderot. Wie kaum ein anderer russischer Herrscher stand sie der Gedankenwelt der Aufklärung nahe, was sich auch in ihrer Politik bemerkbar machte.

Sie öffnete Russland der europäischen Kunst und Literatur. War die russische Literatur und Kunst bis zu Peter I. überwiegend religiös geprägt, wurden im 18.

Jahrhundert zunehmend europäische Werke rezipiert. Zu den bekanntesten Autoren des 18. Jahrhundert zählen Michail Lomonossow (1711 – 1765), der als ein wichtiger Reformer der russischen Schriftsprache gilt, und Gawriil Derschawin (1743 – 1816), der bedeutendste Poet vor Puschkin. In dieser Epoche wurden die wichtigsten Grundsteine für das folgende „Goldene Zeitalter" der russischen Literatur gelegt. Katharinas Möglichkeiten waren aber begrenzt, unter anderem musste sie Rücksicht auf den Adel nehmen, der ihr zur Macht verholfen hatte. Katharinas Aufgeklärter Absolutismus ordnet sich damit in die gleiche Reihe wie seine westeuropäischen Gegenstücke ein.

Katharinas Reformwerk knüpfte an die Reformen Peters I. sowie an die allgemeinen Interessen des russischen Staates an. Mit ihren innenpolitischen Reformen versuchte sie, die Staatsgewalt auszubauen, sodass jedes noch so weit entfernte Gebiet durchdrungen werden konnte. Dafür erweiterte sie die ehemals elf Gouvernements auf 40. Ein weiteres Ziel von Katharinas Reformwerk war es, die Wirtschaftskraft zu erhöhen. Nach zeitgenössischem europäischem Standard galt das Russische Reich im 18. Jahrhundert als ein entwickeltes Land. Diesen Vorteil verlor das russische Kaiserreich im 19. Jahrhundert mit Beginn der

Industrialisierung. Zu Beginn ihrer Regierungszeit erließ Katharina ein Manifest zur Anwerbung von ausländischen Siedlern. Diesem Manifest folgend, kamen tausende deutsche Bauern in das russische Reich. Ihr Hauptsiedlungsgebiet war das mittlere Wolgabecken, hier siedelten sie sich in den breiten Ebenen auf beiden Seiten der Wolga nieder. In Katharinas Manifest wurde den Siedlern unter anderem Religions- und Steuerfreiheit zugestanden. Bei diesen Siedlern spricht man allgemein von den „Wolgadeutschen", dessen Nachfahren zum großen Teil wieder in Deutschland als „Spätaussiedler" leben.

Trotz ihrer politischen Ausrichtung an den Ideen der Aufklärung, führte Katharina eine Reihe von Kriegen. Ein Ziel war das sogenannte *„Griechische Projekt"*. Russland wollte die Macht des Osmanischen Reichs brechen und die Kontrolle über das Schwarze Meer und die Meerenge zum Mittelmeer erlangen. Zudem sollte Konstantinopel erobert und ein orthodoxes Großreich erschaffen werden. Zwar konnte der Plan nicht realisiert werden, doch konnte das russische Kaiserreich weite Teile Südrusslands und der Südukraine seinem Herrschaftsgebiet einverleiben. Die eroberten Gebiete wurde anschließend *„Neurussland"* genannt. Mit Preußen und Österreich-Ungarn wurden die drei polnischen Teilungen vorgenommen, in dessen Verlauf der polnische Staat faktisch aufhörte zu existieren.

Im Innern verursachte die Unzufriedenheit mit der Leibeigenschaft in den 1770er Jahren massive Bauernaufstände. In den Jahren 1773 – 1775 ereignete sich der „russische Bauernkrieg" oder auch *„Pugatschow-Aufstand",* der blutig niedergeschlagen wurde. Ihre geführten Kriege und die Niederschlagung der Aufstände widersprechen Katharinas Idealen der Aufklärung, die sie in ihrer Anfangszeit noch gepflegt hatte. Sie verwehrte anderen Völkern das Selbstbestimmungsrecht und entsagte der eigenen Bevölkerung die Freiheit. Mit dem Ausbruch der Französischen Revolution 1789 wandte sich Katharina die Große endgültig von ihren alten Idealen ab.

Zwischen Reform und Repression. Russland im 19. Jahrhundert

VOM SIEG GEGEN NAPOLEON BIS ZUM VERLORENEN KRIMKRIEG

Auf Katharina sollte nach ihren Wünschen ihr Enkel Alexander folgen, jedoch bestieg ihr ungeliebter Sohn Paul I. (1796 – 1801) den Thron. Paul konnte seiner Mutter den Mord an seinem Vater Peter III. nicht verzeihen, weshalb sich seine Politik gegen die seiner Mutter richtete. Gleich zu Beginn seiner Herrschaft nahm er eine Änderung des Thronfolgegesetzes vor. Diese sah eine Bevorzugung der männlichen Linie in der Thronfolge vor, sollte es keinen Sohn geben, so sollte der Bruder des Kaisers folgen. Das Gesetz begründete das russische Erbkaisertum, da der russische Kaiser vorher selbst die Nachfolge bestimmen konnte.

Zudem beendete es die Epoche der Kaiserinnen, nach Katharina II. gab es keine weiblichen Herrscher mehr auf dem russischen Thron. Insgesamt hinterließ Paul ein widersprüchliches Bild. Seine Politik war zu Beginn noch von wohltätigen Verordnungen geprägt, unter anderem verbesserte er die Situation der Leibeigenen. Aber aus Angst, dass sich revolutionäre Idee von Europa aus in Russland verbreiten könnten, verschärfte er die Zensur und die Aufsicht über die in Russland lebenden Ausländer. Der Besuch ausländischer Lehranstalten wurde ebenfalls untersagt. Russland schottete sich zunehmend vom Rest der Welt ab. Mit steigender Unzufriedenheit kam Paul im Verlaufe einer Verschwörung 1801 ums Leben.

Nun konnte Alexander I. (1801 – 1825) den russischen Kaiserthron besteigen. Seine Herrschaftszeit wird, wie auch die seiner Großmutter, ambivalent beurteilt. Von Katharina wurde er nach den Grundsätzen der Aufklärung erzogen. Er vertrat humanistische Ideale, ohne jedoch auf seine mächtige Stellung, der uneingeschränkten Selbstherrschaft, zu verzichten. Alexander modernisierte den russischen Staatsapparat, hob in den baltischen Provinzen die Leibeigenschaft auf und milderte diese in Russland ab. Die Zahl der Bildungseinrichtungen stieg an.

Alexander I. wird besonders mit einem Ereignis in der Geschichte in Verbindung gebracht: Mit der französischen Revolution und den Napoleonischen Kriegen (1803 – 1815). 1805 beteiligte sich Russland an den Koalitionskriegen gegen Frankreich, zwei Jahre später wurde ein Frieden zwischen Alexander und Napoleon geschlossen. In diesem teilten sich die zwei Herrscher Europa in zwei Interessensphären ein. Russland wurde dabei die Eroberung Schwedens und des Osmanischen Reichs zugestanden.

Der Frieden währte allerdings nicht lange, 1812 marschierte Napoleon mit seiner Grande Armee ins russische Kaiserreich ein. Napoleon hatte im Verlaufe seiner Feldzüge halb Europa eingenommen, seine Armee war der russischen zahlenmäßig und strategisch-technisch überlegen. Um diesem mächtigen Heer entgegen zu treten, nutzten die Russen die Weiten ihres Landes, mieden offene Feldschlachten und zogen sich weit ins Landesinnere zurück. Die Strategie der verbrannten Erde fand Verwendung. Der orthodoxe Glaube wurde als gefährdet erklärt und der Heilige Krieg proklamiert. Als Napoleon schließlich Moskau eroberte, kam es zum Brand von Moskau (1812), in dessen Verlauf die Stadt fast vollständig zerstört wurde. Der Brand beraubte aber auch die Franzosen ihrer Verpflegung und Unterkunftsmöglichkeiten. Am Ende war es der russische Winter, der die französische Grande Armee in die Knie zwang. Beim Rückzug verlor Napoleon einen Großteil seiner Streitkräfte, da diese nicht auf den Winter vorbereitet waren. Viele Eroberer scheiterten am russischen Winter.

Auf Napoleons Russlandfeldzug folgten die „Befreiungskriege". Im Bündnis mit Preußen, Österreich, Großbritannien und Schweden zogen die Russen gegen das revolutionäre Frankreich. Im Krieg nahm Alexander I. eine führende Stellung ein, weshalb er nach dem Sieg gegen Napoleon als „Retter Europas" gefeiert wurde. Beim Friedensschluss 1815, dem Wiener Kongress, bestimmte er entscheidend die Neugestaltung Europas.

Die polnischen Teilungen des vorherigen Jahrhunderts wurden nun amtlich, Russland erhielt das sogenannte „Kongresspolen". Nun grenzte das Russische

Reich im Westen an Preußen und Österreich, im Osten expandierte das Reich bis nach Alaska auf dem nordamerikanischen Kontinent. Da die meisten europäischen Herrscher vermeiden wollten, dass sich revolutionäre Gedanken weiterverbreiten, versuchten sie, die vorrevolutionäre Situation wiederherzustellen. In diesem Zusammenhang wurde zwischen dem Russischen Reich, Preußen und Österreich die „Heilige Allianz" geschlossen, die die konservative und monarchistische Werte vertrat und die europäische Restauration vorantrieb. Das russische Kaiserreich umfasste nun über 20 Mio. km^2 und hatte etwa 50 Millionen Einwohner. Es dominierte Kontinentaleuropa, bis Russland diese Stellung im Krimkrieg der 1850er Jahren wieder verspielte.

Viele intellektuelle Kreise erhofften sich mit der Herrschaftszeit Alexanders eine Liberalisierung des russischen Staates. Nach den Napoleonischen Kriegen fühlten sich diese um ihre Hoffnungen betrogen. Anfang noch von liberalen Ideen geleitet, nahm Alexanders Politik nach dem Wiener Kongress immer mehr restaurative Züge an. Als Folge darauf bildeten sich immer mehr Geheimbünde heraus, in denen eine gesellschaftliche und politische Umgestaltung diskutiert wurde. Das revolutionäre Gedankengut in Russland stieg an. 1825 verstarb Alexander ohne männliche

Nachkommen zu hinterlassen. Getreu den Thronfolge-
änderungen Pauls folgte ihm sein Bruder Nikolaus I.
(1825 – 1855) auf den Thron.

Seine Regierungszeit startete mit einem Aufstand,
der seine weitere Politik prägte: Der „Dekabristenaufstand" im Dezember 1825, benannt nach dem Monat,
indem der Aufstand stattfand. Die Dekabristen waren
vor allem Offiziere und überdurchschnittlich gebildet.
Bei der Vereidigung des neuen Zaren verweigerten
ihm diese den Eid. Ihre Anführer wurden degradiert,
nach Sibirien verbannt oder gehängt. Mit dem Aufstand wollten sie auf ihre Unzufriedenheit mit dem au-
tokratischen Zarenregime aufmerksam machen, sie
verurteilten die Leibeigenschaft, Polizeiwillkür und
Zensur. Die Dekabristen gelten als die erste revolutionäre Bewegung, die sich explizit gegen die zaristische
Selbstherrschaft richtete. Ihre Ideen wirkten bis zur
Aufhebung der Leibeigenschaft und in Teilen sogar bis
zu Oktoberrevolution 1917 nach.

Dementsprechend war Nikolaus´ Regierungszeit
repressiv geprägt. Er sah sich als Bewahrer der beste-
henden Ordnung. Um diese aufrecht zu erhalten, grün-
dete er die „Ochrana", die russische Geheimpolizei. Nikolaus unterstützte tatkräftig die Reaktion in Europa
und sorgte für die Niederschlagung einiger revolu–

tionärer Aufstände. Galt sein Bruder für viele Zeit-genossen noch als Befreier Europas, so wurde Nikolaus I. als „Gendarm Europas" bezeichnet. Außenpolitisch fokussierte sich Russland unter Nikolaus auf den Balkan. Diesen Ambitionen standen die meisten europäischen Mächte misstrauisch gegenüber. Im Krimkrieg (1853 – 1856) mussten die russischen Streitkräfte erhebliche Verluste gegen eine Allianz aus Großbritannien, Frankreich und dem Osmanischen Reich erleiden. Der Krimkrieg verdeutlichte die Rückständigkeit Russlands gegenüber Westeuropa, wo bereits die industrielle Revolution eingesetzt hatte. Als Folge verlor Russland seine seit dem Sieg gegen Napoleon bestehende Vormachtstellung auf dem Kontinent.

Die kulturelle Entwicklung nahm im 19. Jahrhundert einen großen Sprung nach vorn. Dieser Umstand ist den Reformen Peters und Katharinas zu verdanken. Heute gilt die russische Literatur des 19. Jahrhunderts als eine der einflussreichsten auf der Welt, zu der einige der berühmtesten Schriftsteller und literarische Werke zählen. Mit Alexander Puschkin (1799 – 1837) erhielt die Romantik Einzug in die russische Literatur, die folgende Epoche wird heute „goldenes Zeitalter" der russischen Literatur genannt. Puschkin begründete die moderne russische Literatur, indem er eine moderne russische Literatursprache erschuf. Das vorher gebräuchliche kirchenslawische wurde verdrängt. Deshalb wird Puschkin als der „russische Shakespeare" oder „russische Goethe" bezeichnet. Durch diese Entwicklung, verbunden mit der Bildungsinitiative seit dem 18. Jahrhundert, wurde Literatur allen Bevölkerungsschichten zugänglich gemacht.

Während die russischen Romantiker, die in Russland als die eigentlichen Größen der Nationalliteratur gefeiert werden, im Ausland wenig Beachtung fanden und finden, wird eine Reihe von anderen Schriftstellern dieser Epoche im Ausland rezipiert. Neben Nikolai Gogol (1809 – 1852), der im Grotesken beheimatet war, zählt Iwan Gontscharow (1812 – 1891) zu den einflussreichsten Autoren. Die zweite Hälfte des 19. Jahrhunderts ist durch die große Romanliteratur und den Realismus geprägt. In dieser sind die wahren Titanen der russischen Romanliteratur beheimatet: Fjodor Dostojewski (1821 – 1881), ein tief in der russischen Orthodoxie verwurzelter Patriot, sowie Lew Tolstoi (1828 – 1910), ein großer Moralist und realistischer Porträtist der russischen Gesellschaft. Im westlichen Ausland wird noch Iwan Turgenew (1818 – 1883) als Teil des russischen „Dreigestirns" wahrgenommen.

MANUEL SCHNEIDER

VON DER BAUERNBEFREIUNG BIS ZUM ERSTEN WELTKRIEG

Da Russland bei seiner Expansion in Richtung Westen scheiterte, wurde ein verstärkter Fokus auf Asien gelegt. 1856 begann die letzte Phase des Kaukasuskrieges (1817 – 1864), in dessen Folge der Kaukasus erobert und erschlossen und die dort lebenden Völkerschaften russifiziert wurden. Hinzu kommt eine verstärkte Expansion nach Zentralasien. Zunächst wurden die nahen Steppenregionen Kasachstans ins Reich integriert, bis schließlich auch die südlicheren Khanate einverleibt wurden. Damit erlangte Russland die Kontrolle über einen Großteil Zentralasiens, oder auch Turkestan genannt. 1860 wurde an der Pazifikküste Wladiwostok gegründet, womit Russland seine Ambitionen für eine aktive Politik im Fernen Osten symbolisierte.

Der Kaiser, der in diese Zeit fällt, ist Alexander II. (1855 – 1881). Er erkannte die Rückständigkeit des russischen Reichs und als Reaktion auf den verlorenen Krimkrieg erließ er weitreichende Reformen. Diese werden die „Großen Reformen" genannt. Nachfolgend werden die wichtigsten zusammengefasst. Die wohl wichtigste oder bekannteste Reform stellt die Abschaffung der Leibeigenschaft 1861 dar. Über 80 Prozent der russischen Bevölkerung waren leibeigene Bauern, was aber als hinderlich für eine weitere Modernisierung Russlands erachtet wurde. Wegen den großen Reformen und der damit verbundenen Befreiung der Leibeigenen verliehen ihm bereits Zeitgenossen den Beinamen „Zar-Befreier". Die Reform kam aber nur schleppend voran. Den Bauern wurde Land zugeteilt, das aber von der Fläche viel zu klein war, um es vernünftig zu bewirtschaften, und mit zu hohen Steuerabgaben belegt war. Die Bauern mussten die Adligen für ihr Land entschädigen, aus der alten Abhängigkeit der Bauern zum Grundbesitzer wurde eine neue Abhängigkeit durch zu hohe Schulden.

Neben der Bauernbefreiung reformierte Alexander II. das Justizwesen, wie auch das Militär. Die Dienstzeit wurde reduziert und eine allgemeine Wehrpflicht eingeführt. Das Heer wurde in ein modernes Massenherr umgewandelt. Bildungsinstitute erhielten mehr Autonomie und die Presse Zensurerleichterungen. Durch die Reformen wollte Alexander II. die Industrialisierung Russlands vorantreiben und den wirtschaftlichen Rückstand zu Westeuropa überwinden. Allerdings wurden russische Adlige und Bürger nur zögernd Unternehmer, der Staat musste selbst eingreifen und Staatsbetriebe gründen. Der Eisenbahnbau erlebte einen enormen Boom, von 960 Streckenkilometer bei Beginn von Alexanders Regierungszeit wurde das Schienennetz bis 1880 auf 21.800 km erweitert. Aber trotz der einsetzenden Industrialisierung blieb Russland bis zum Beginn der Sowjetunion ein Agrarland. Die Industrie machte beim Übergang ins 20. Jahrhundert nur 1/5 des Nationaleinkommens aus, die wenigen Arbeiter lebten immer noch nach ihrer gewohnten bäuerlichen Lebensweise. Zentren der Industrie waren in dieser Zeit die Städte Moskau und St. Petersburg sowie Teile der Ukraine und die Ölgebiete im Kaukasus.

Im Zuge der Modernisierung und durch die neu gewonnenen Freiheiten formierte sich eine Opposition zum Zarismus. Angefangen mit dem Dekabristenaufstand und verstärkt durch die Reformen der 1860er Jahre, nahm das revolutionäre Potenzial in Russland zu. Es entstanden die unterschiedlichsten Gruppierungen, die sich nach Herkunft als auch durch die Ausprägung ihrer Ideale unterschieden. Sie folgten aktuellen europäischen Denkströmungen, wobei bei einigen Gruppierungen eine Radikalisierung festzuhalten ist. Zu den Strömungen zählen: Sozialismus, Anarchismus, Kosmopolitismus, Atheismus, Nihilismus. Viele der Gruppierungen befürworteten Gewalt zur Durch–

setzung ihrer Ideen und nahmen terroristische Züge an. Eine dieser Gruppierungen waren die „Narodniki", zu Deutsch in etwa „Volkstümler, Volksfreunde". Sie sind als eine sozialrevolutionäre Bewegung einzustufen, die überwiegend aus Intellektuellen bestand. Die Narodniki wollten durch eine Bauernbewegung zum Sozialismus gelangen, in dessen Mittelpunkt die Dorfgemeinde stehen sollte.

Die Entwicklung zum Kapitalismus sollte dadurch umgangen und der Sozialismus direkt errichtet werden. Zum Erreichen ihrer Ziele nutzten sie von friedlicher Agitation bis hin zum sozialrevolutionären Terrorismus alle möglichen Wege. Nach innerem Streit über das weitere Vorgehen und einer Verhaftungswelle zahlreicher Mitglieder spaltete sich 1879 ein Teil ab und bildete die Geheimgesellschaft „Narodnaja Wolja" (Volkswille). Diese Gesellschaft organisierte den Mordanschlag auf Alexander II. 1881.

Nach ihm bestieg sein Sohn Alexander III. (1881 – 1894) den russischen Thron. Der Mordanschlag auf seinen Vater hatte tiefe Spuren hiterlassen, weshalb Alexander III. einen reformfeindlichen Kurs einschlug. Er stützte sich dabei auf die Armee und die Geheimpolizei. Die Zentralisierung des Staates wurde weiter ausgebaut, während die Korruption unter den Staats–

beamten weiter anstieg. Trotz einer voranschreitenden Industrialisierung konnte das Russische Kaiserreich wirtschaftlich und militärisch immer weniger mit dem Westen mithalten. Deshalb entstand im 19. Jahrhundert eine rege Debatte um die weitere Entwicklung Russlands. Hierbei kristallisierten sich zwei konkurrierende Strömungen heraus. Die „Westler", in getreuer Folge zu Peters I. Politik, wollten das Kaiserreich stärker in den Westen integrieren. Sie hielten die russische Kultur für rückständig, weshalb diese nach europäischem Vorbild modernisiert werden müsse. Ihnen gegenüber standen die „Slawophilen", die die Besonderheiten der russischen Kultur hervorhoben und eine Annäherung an den Westen ablehnten.

Ungeachtet der wirtschaftlichen Mängel stieg das russische Reich im Zeitalter des Imperialismus zu einer bedeutenden Kolonialmacht auf. Als Folge dieser Prozesse, die im 16. Jahrhundert mit der Eroberung des Khanats Kasan angefangen haben, gilt Russland noch heute als das größte Land der Welt. Im Gegensatz zu den anderen europäischen Kolonialmächten, die ein maritimes Kolonialreich aufbauten, erweiterte Russland sein Territorium zu Land, nach Sibirien, Zentralasien und den Kaukasus. Während des Imperialismus´ versuchte Russland sein Territorium auf China auszu–

weiten, womit es in einen Interessenkonflikt mit Japan geriet. 1904/05 eskalierte die Situation und der russisch-japanische Krieg brach aus. Hier zeigte sich erneut die Rückständigkeit des Landes. Der Sieg der Japaner galt als ein Novum, als eine nicht-europäische Nation eine europäische Großmacht vernichtend geschlagen hatte. Zu den europäischen Großmächten gesellten sich mit dem Übergang ins 20. Jahrhundert das Kaiserreich Japan und die Vereinigten Staaten von Amerika.

Die Unzufriedenheit mit dem Zarenregime stieg weiter an, weshalb sich immer wieder neue Bewegungen gegen das Zarenregime formierten. Dazu zählt die 1898 gegründete Sozialdemokratische Arbeiterpartei Russlands, aus der später die Kommunistische Partei der Sowjetunion hervorging. 1903 übernahm die Fraktion der Bolschewiki (Mehrheitler) mit ihrem Vorsitzenden Wladimir Lenin (1870 – 1924) die Führung innerhalb der Partei. Sie strebten den Sturz des Zaren an und wollten eine „Diktatur der Arbeiter und Bauern" erreichen. Unter Nikolaus II. (1894 – 1917) besserte sich die Situation im Innern keinesfalls. Die Krisensituation wurde noch weiter durch die neuen sozialen Probleme verschärft, die als Folge der Industrialisierung auftraten. Die Niederlage im Krieg gegen Japan brachte das

Fass schließlich zum Überlaufen. Es folgte der Peters-
burger Blutsonntag und damit die erste russische Revolution 1905. Der Zar musste daraufhin der Gründung
eines Parlaments, der Duma, zustimmen. Da das Parlament in der Folgezeit mehrmals aufgelöst wurde, gilt
die Revolution als gescheitert. Dennoch führte sie dem
zaristischen Regime die Dringlichkeit von Reformen
vor Augen.

Außenpolitisch entfernte sich Russland zunehmend vom 1871 gegründeten Deutschen Reich, obwohl
Preußen lange Zeit ein traditioneller Verbündeter war.
Nach dem Scheitern im Osten gegen Japan fokussierte
sich Russland wieder auf den Balkan, auf den aber auch
Österreich-Ungarn sein Augenmerk gelegt hatte. Innerhalb Europas, aber auch außerhalb in den Kolonien,
nahmen die Spannungen zwischen den Großmächten
zu. Da das Osmanische Reich, der „kranke Mann am
Bosporus", immer mehr dem Zerfallen nahe war, erhofften sich Österreich-Ungarn und Russland Gebiets-
zuwachs auf dem Balkan. In Europa kam es zu einem
Rüstungswettlauf sowie zur Auseinandersetzung um
die Verteilung der Kolonien. 1914 eskalierte die Situation und der Erste Weltkrieg brach aus. Russland war
hierbei in ein Bündnissystem, der Triple Entente, mit
Großbritannien und Frankreich integriert, welche

gegen die Mittelmächte, bestehend aus dem Deutschen Reich, Österreich-Ungarn und dem Osmanischen Reich, vorgingen. Nach anfänglichen Erfolgen erlitten die Russen mehrere schwere Niederlagen. Nach nur zwei Jahren Krieg stand das russische Kaiserreich vor dem militärischen und wirtschaftlichen Zusammenbruch.

Die Sowjetunion (20. Jahrhundert)

VON DER RUSSISCHEN REVOLUTION BIS ZUM ZWEITEN WELTKRIEG

Die Februarrevolution 1917 stürzte die russische Monarchie, Kaiser Nikolaus II. wurde zum Abdanken gezwungen und 1918 von den Bolschewiki zusammen mit seiner Familie ermordet. Es entstand eine Doppelherrschaft zwischen Parlament (Duma), die von moderateren Kräften geführt wurde, und den „Sowjets", den Arbeiter- und Soldatenräten, die von radikaleren Gruppierungen beherrscht wurde. Zusätzlich bildete sich eine provisorische Regierung.

Während die provisorische Regierung eine bürgerlich-parlamentarische Demokratie aufbauen wollte, versuchten die Arbeiter- und Soldatenräte dieses zu verhindern und die Revolution fortzuführen. Deshalb wird die Februar-revolution auch „aich stürls", die bürgerliche Revolution, bezeichnet.

Parallel zur Revolution befand sich Russland immer noch im Krieg mit dem Deutschen Reich. Die Situation im Innern verschärfte sich zunehmend. Wladimir Iljitsch Uljanow, besser bekannt unter seinem Revolutionsnamen Lenin, forderte in seinen berühmten Aprilthesen die sofortige Beendigung des Krieges und die Übertragung der Macht an die Räte. Lenin, der sich während des Krieges im Schweizer Exil befand, gelang unter Mithilfe des Deutschen Reichs nach Russland. Die Deutschen erhofften sich dadurch, eine weitere Destabilisierung Russlands zu erreichen, worin sie nicht enttäuscht wurden. Am 25. Oktober (nach julianischem Kalender) oder am 7. November (nach gregorianischem Kalender) 1917 wurde im sogenannten „Sturm auf das Winterpalais" die provisorische Regierung gestürzt, die bürgerliche Revolution wurde beendet.

Das Ereignis wurde anschließend Oktoberrevolution genannt. Die Bolschewiki übernahmen die Macht,

Lenin proklamierte die Sozialistische Sowjetrepublik. Die Duma, aber auch die Räte, gerieten immer mehr in Bedeutungslosigkeit, wohingegen die Macht der Partei kontinuierlich anstieg. 1918 wurde die noch am Ende des 19. Jahrhunderts gegründete Sozialdemokratische Partei Russlands in „Kommunistische Partei Russlands" und 1952 in „Kommunistische Partei der Sowjetunion" umbenannt.

Im März 1918 schlossen die Bolschewiki mit dem Deutschen Reich den Frieden von Brest-Litowsk. Zwar brachte der Frieden einige Nachteile für die noch junge bolschewistische Regierung, unter anderem bedeutete er den Verzicht auf Annexion und Kriegsentschädigung. Allerdings war der Friedensschluss eine wichtige Grundbedingung für den nachfolgenden Sieg der Bolschewiki im Bürgerkrieg. Neben diesem „Dekret über den Frieden" erließen die Revolutionäre weitere Dekrete und Gesetze.

Durch das „Dekret über Grund und Boden" wurden die (adligen) Großgrundbesitzer entschädigungslos enteignet und das Land an die Bauern verteilt. In der Deklaration der Rechte der Völker Russlands wurde den einzelnen Völkern und Minderheiten Russlands Selbstbestimmungsrecht gewährt, dies sollte auch als Grundlage für die Sowjetunion dienen, wurde aber mit der Zeit vernachlässigt. Da die Bolschewiki überzeugte Atheisten waren und Religion als Feind des Kommunismus ansahen, wurde das Gesetz über Trennung von Staat und Kirche erlassen. Priester und Mönche wurden verfolgt und Kircheneigentum konfisziert. Der in Europa gebräuchliche gregorianische Kalander ersetzte 1918 den in Russland noch geltenden julianischen Kalender, der dem gregorianischen 13 Tage hinterher ist. Die Gründung der Tscheka, des russisch-sowjetischen Geheimdienstes und Vorgängerorganisation des späteren KGB, sowie der Roten Armee stärkten den militärischen Arm der Bolschewiki. Leo Trotzki (1879 – 1940), mit bürgerlichem Namen Bronstein, übernahm die Führung der Roten Armee. Neben Lenin war er einer der wichtigsten Revolutionäre.

Auf die Oktoberrevolution, in den meisten kommunistischen Staaten später die „Große sozialistische Oktoberrevolution" genannt, folgte der russische Bürgerkrieg. In diesem versuchten die Bolschewiki ihre Macht zu erhalten. Auf der gegnerischen Seite stand die Weiße Armee, die sich aus verschiedensten Einheiten mit verschiedenen Motivationen zusammensetzte. Sie strebten eine Konterrevolution sowie die Wiederherstellung der Monarchie bzw. der parlamentarischen Demokratie an. Nationale Minderheiten kämpften für ihre Unabhängigkeit und auch das Ausland intervenierte und unterstützte die Weißgardisten gegen die Sowjets. Die Rote Armee konnte aber die Oberhand behalten und die zaristischen Generäle Ende 1920 endgültig besiegen. Allerdings konnten sie es nicht verhindern, dass Polen, Finnland und die baltischen Staaten ihre Unabhängigkeit von Russland erklärten. Der Erste Weltkrieg und der Bürgerkrieg brachten verheerende Folgen für das ohnehin geschwächte Land mit sich. Nach Schätzungen fielen dem Bürgerkrieg durch Kampfhandlungen, Hungertote und Seuchen ca. acht Millionen Menschen zum Opfer.

Nach dem gewonnenen Bürgerkrieg machten sich die Bolschewiki direkt an die Arbeit, Sowjetrussland neu aufzubauen. Dabei folgten sie den Ideen von Lenin, dem unangefochtenen Führer der Revolution. Er wendete die von Karl Marx und Friedrich Engels entwickelte Gesellschafts- und Wirtschaftstheorie auf Russland an und veränderte sie zum „Leninismus-Marxismus". Hierin forderte er die Diktatur des Proletariats unter der Führung einer zentralistischen Kaderpartei, die benötigt werden würde, um die Diktatur der Arbeiterklasse aufzubauen.

Jedoch war das Land immer noch agrarisch geprägt, Arbeiter waren kaum vorhanden. Deshalb war ein grundlegendes Ziel der führenden Bolschewiki der schnelle Aufbau einer funktionsfähigen Industrie. Entgegen der marxistischen Theorie wollten sie eine bürgerlich-kapitalistische Phase überspringen und direkt zum Sozialismus übergehen. Die Revolution breitete sich in die Randgebiete aus, neben der Russischen Sozialistischen Föderativen Sowjetrepublik (RSFSR) wurden weitere Sozialistische Sowjetrepubliken (SSR) gegründet. Am 30. Dezember 1922 schloss sich die RSFSR mit der Ukrainischen SSR, der Weißrussischen SSR und der Transkaukasischen SSR zur „Union der Sozialistischen Sowjetrepubliken" zusammen. Die UdSSR wurde offiziell gegründet. Die Hauptstadt wurde vom bisherigen Ausgangspunkt der Revolution Petrograd, das vor dem Weltkrieg noch St. Petersburg hieß, nach Moskau verlegt.

Der zuvor mehrere Schlaganfälle erlittene Lenin erkrankte 1922 schwer und musste das politische Geschehen noch für ca. ein Jahr vom Totenbett dirigieren. Im Windschatten dieser Ereignisse konnte Josef Stalin (1878 – 1953), der 1922 zum Generalsekretär der Partei ernannt wurde, sich ein Netzwerk von getreuen Gefolgsleuten aufbauen. Er kontrollierte zunehmend den Parteiapparat, womit er den Zugang zum kranken Parteiführer und dessen Korrespondenz erhielt. Dem kranken Lenin gefiel die Situation nicht, sodass er versuchte, die Partei in einem geheimen Brief vor Stalin zu warnen. Er sprach sich dafür aus, dass Stalin als Generalsekretär abgelöst werden solle und riet der Partei ab, diesen zu seinem Nachfolger zu erklären. Stalin gelang es jedoch, diesen Brief abzufangen, der in die Geschichte als „Lenins politisches Testament" einging.

Auf Lenins Tod im Januar 1924 folgte ein erbitterter Nachfolgekampf zwischen Stalinisten und Trotzkisten. Stalin forderte den „Aufbau des Sozialismus in einem Lande", in der Sowjetunion, dem „Vaterland aller Werktätigen". Der Führer der Roten Armee, Leo Trotzki, forderte hingegen die (Welt-)Revolution fortzuführen. Am Ende konnte sich Stalin durchsetzen, Trotzki wurde entmachtet und musste die Sowjetunion verlassen. 1940 wurde er in Mexico ermordet. Bis 1930 baute Stalin seine Macht aus, er galt nun als uneingeschränkter Parteiführer. In der Folgezeit entledigte er sich aller seiner tatsächlichen oder potenziellen Gegner.

Stalin und die führenden Kommunisten verfolgten das Ziel, die Sowjetunion in einen modernen Industriestaat umzuwandeln. Sie unternahmen einen radikalen Umbau der Gesellschaft, der schließlich in eine Terrorherrschaft überging. Ab 1928 wurde die staatlich gelenkte Plan-wirtschaft den „Fünfjahresplänen" unterworfen. Da sich die Sowjetunion nicht auf ausländisches Kapital stützen konnte, um die flächendeckende Industrialisierung durchzuführen, sollte das hierzu fehlende Kapital durch die Landwirtschaft erbracht werden. Ziel war deshalb, die gesamte Landwirtschaft zu kollektivieren.

Dieser „Große Wende" genannte Umbau uferte in einer Zwangskollektivierung und gewaltsam forcierten Industrialisierung aus. Die Bauern, die noch mit dem Dekret über Grund und Boden ihr eigenes Stück Land erhalten haben, sollten nun in sozialistischen Großbetrieben zusammengefasst werden, den sogenannten „Sowchosen" und „Kolchosen". Zur Umsetzung der Kollektivierung schreckten die Bolschewiki nicht vor Gewalt zurück. Die sozialen Verhältnisse im Dorf wurden auf den Kopf gestellt, zwischen 1928 und 1932 wurden mehr als 60 Prozent der Bauernwirtschaften in Kolchosen überführt. Parallel zur Kollektivierung wurde die „Entkulakisierung" vorangetrieben.

Kulaken waren sogenannte „reiche" Bauern, wobei schon der Besitz von nur wenig Vieh genügen konnte, um als Kulak diffamiert zu werden. Sie galten als Volksschädlinge und wurden gnadenlos verfolgt.

Die Entkulakisierung forderte verschiedenen Schätzungen folgend 500.000 bis 600.000 Opfer. In Folge der Kollektivierung brach die Landwirtschaft zusammen und eine landesweite Hungersnot erschütterte die noch junge Sowjetunion. Der Hungersnot fielen verschiedenen Angaben zufolge fünf bis neun Millionen Menschen zum Opfer.

Stalin sah immer mehr Sowjetbürger, die dem System Schaden wollten, weshalb er immer mehr Deportationen und Verfolgungen anordnete. Die stalinistischen Säuberungen, die mit seinem Machtantritt begonnen hatten, gipfelten im sogenannten „Großen Terror" von 1936 – 1938. Der Terror konnte sich gegen alle Bevölkerungsgruppen richten, jeder wurde verdächtigt ein angeblicher oder tatsächlicher Staatsfeind zu sein. In den Moskauer Schauprozessen wurden den Gefangenen falsche Geständnisse unter Folter entlockt. Ganze Völkergruppen und ethnische Minderheiten wurden in Arbeitslager deportiert. Opfer waren Kulaken, Priester und Mönche, jeder, der die alte Ordnung vertrat. Aber auch ein Großteil der militärischen Führung, die noch im Zarismus ihre Ausbildung erhalten hatten, und führende Mitglieder der Partei fielen dem Terror zum Opfer.

Nach den stalinistischen Säuberungen war Stalin der einzig übrig gebliebene Kommunist der Anfangszeit. Während Stalin seine Macht nach innen festigen konnte, drohte eine neue Gefahr von außen. Noch vor Ausbruch des Zweiten Weltkriegs unterzeichneten die Sowjetunion und das nationalsozialistische Deutschland den „Hitler-Stalin-Pakt". Darin stimmten sie einem Nichtangriffspakt zu. In einem geheimen Zusatzprotokoll teilten sich die zwei Länder gemäß der jeweiligen Interessensphären Europa unter sich auf. Die Sowjetunion leugnete noch lange die Existenz dieses Zusatzprotokolls.

Als Hitler am 1. September 1939 Polen überfiel, besetzte die Sowjetunion Ostpolen. Ein Jahr darauf verloren die drei baltischen Staaten ihre Unabhängigkeit und wurden als Sowjetrepubliken in die Union integriert. Durch den Hitler-Stalin-Pakt fühlte sich Stalin vor einem Angriff Deutschlands sicher, obwohl die NS-Führung von Anfang an einen Eroberungskrieg im Osten plante. Hitler und die führenden Nationalsozialisten wollten in diesem Kampf um „Lebensraum im Osten" einen Vernichtungskrieg gegen die „slawischen Untermenschen" führen. Am 22. Juni 1941 startete mit der „Operation Barbarossa" der Überfall auf die Sowjetunion. Aus sowjetischer Sicht beginnt mit diesem

Tag der „Große Vaterländische Krieg", analog zum „Vaterländischen Krieg" gegen Napoleon. Die Wehrmacht erzielte in den Anfangsjahren große Erfolge, Weißrussland wurde in wenigen Wochen erobert. In einigen Regionen wurde die Wehrmacht zunächst als Befreier vor dem Kommunismus gefeiert. Bereits 1941 stand das Deutsche Reich vor Moskau, von 1941 – 1944 versuchte die Wehrmacht in der Leningrader Blockade die Leningrader Bevölkerung auszuhungern.

Das ehemalige St. Petersburg, später Petrograd, wurde zu Ehren Lenins nach ihm benannt. Die Bevölkerung in den besetzten Gebieten hatte mit schweren Folgen durch die Wehrmacht zu kämpfen. Viele Zivilisten, darunter ein großer Teil Juden, fielen dem Nationalsozialismus zum Opfer. Bei der Schlacht um Stalingrad (das heutige Wolgograd) 1942/43 zeichnete sich die Wende im Krieg ab. Die Rote Armee konnte einen Sieg gegen die Wehrmacht erlangen und drängte diese immer weiter zurück, bis sie 1945 in Berlin einmarschierten. Kein anderes Land hat so viele Opfer zu beklagen wie die Sowjetunion. Die Angaben schwanken zwar, lassen jedoch ein ungefähres Bild erahnen: von ca. 20 Millionen (10% der Bevölkerung) bis sogar zu 40 Millionen (1/5 der Bevölkerung) sollen dem Zweiten Weltkrieg zum Opfer gefallen sein.

Einigen ethnischen Minderheiten wurde die Kollaboration mit dem Feind vorgeworfen, weshalb diese in entlegene Gebiete deportiert wurden, unter anderem nach Kasachstan und Sibirien. Darunter die meisten Wolgadeutschen, aber auch Krimtataren und Tschetschenen.

Als Folge auf den Krieg konnte die UdSSR ihr Gebiet nach Westen erweitern. Die vor dem „Großen Vaterländischen Krieg" eroberten Gebiete Ostpolens blieben bei der Sowjetunion, Polen wurde mit einer westlichen Ausdehnung in Richtung Deutschland entschädigt. Deutschland und Berlin wurden unter den Siegermächten aufgeteilt, die UdSSR erhielt die östlichen Gebiete, die später zur DDR zusammengefasst wurden.

KALTER KRIEG UND PERESTROJKA

Im Anschluss auf den Zweiten Weltkrieg folgte der Kalte Krieg zwischen dem sozialistischen Ostblock mit der UdSSR als führende Großmacht und der USA und dem kapitalistischen Westen. Die Sowjetunion bestimmte maßgeblich die Nachkriegsordnung. Im UNO Sicherheitsrat ist sie neben den USA, Großbritannien, Frankreich und China eine von fünf Vetomächten. Bis

1948 wurde der gesamte Ostblock unter Kontrolle gebracht, im fernen Osten leisteten die Sowjets den chinesischen Kommunisten unter Mao Zedong Hilfestellung. Neben der Mongolei wurde das nördliche Korea zur Einflusszone der Sowjetunion. Nach dem Weltkrieg war die UdSSR neben den Vereinigten Staaten die einzig übrig gebliebene Großmacht.

Stalin blieb bis 1953 uneingeschränkter Diktator und Führer des Politbüros. Nach Kriegsende wurde ihm der Ehrentitel „Generalissimus" verliehen. Zwar nahm der Terror der 1930er Jahre ab, dennoch normalisierte sich das System nicht. Überall witterte Stalin Verräter des Systems und Attentäter auf seine Person. Kaum jemand war vor Stalins Terror geschützt, egal, ob einfaches Parteimitglied oder hoher Funktionär. Auf den Vorwurf, konspirative Tätigkeiten durch-zuführen, wurden die „Volksfeinde" nach Sibirien verbannt oder in Gulags eingesperrt. In der sogenannten „Ärzteverschwörung" wurden jüdische Ärzte als „wurzellose Kosmopoliten" verunglimpft und deportiert. Eines der bekanntesten Repressions-Werkzeuge der UdSSR waren die „Gulags". Das Gulag-System entwickelte sich zum Synonym für das sowjetische Repressionssystem. Übersetzt bedeutet Gulag „Hauptverwaltung der Besserungsarbeitslager und -kolonien".

Sie waren über das ganze Land verteilt und sorgten durch die Arbeitskraft der Häftlinge für die Umsetzung großer Bauvorhaben der Anfangsjahre. Bis zu 10 Millionen Menschen befanden sich in den Gulags und sorgten für die benötigte Arbeitskraft. Wie auch der mächtige Geheimdienst unterstand das Gulag-System dem Innenministerium.

Im Verlauf des Kalten Kriegs kam es zu einem Rüstungswettlauf der Großmächte, wobei der Sowjetunion 1949/50 ein großer Sprung nach vorn gelang. In diesem Jahr wurde die erste sowjetische Atombombe gezündet und die Wasserstoffbombe entwickelt. Dadurch kam es zum für den Kalten Krieg typischen „nuklearen Patt" zwischen der UdSSR und den USA. Das nukleare Arsenal wurde soweit erweitert, dass es beiden Mächten möglich war, die gesamte Erde zu zerstören (Nuklearer Overkill). Es war nicht mehr möglich, einen Angriff durchzuführen, ohne mit der eigenen totalen Zerstörung rechnen zu müssen. Das nukleare Patt sorgte schließlich auch dafür, dass sich kein „warmer" Krieg zwischen den Großmächten ereignete. Dafür wurden aber eine Reihe von Stellvertreterkriegen überall auf der Welt geführt, unter anderem im Koreakrieg (1950 – 1953) und später der Vietnamkrieg (1955 – 1975).

Zur sowjetischen Einflusssphäre gehörten die seit dem Weltkrieg von der Sowjetunion abhängigen Satellitenstaaten Polen, Ungarn, Bulgarien, die Tschechoslowakei und die DDR. Die Grenze zwischen Ost- und Westeuropa wurde von Churchill treffend als „Eiserner Vorhang" bezeichnet.

Besonders das geteilte Deutschland stellte ein Spannungsfeld zwischen den Großmächten dar. In der sowjetischen Besatzungszone (SBZ) setzten sich mit Unterstützung der Sowjets die Kommunisten durch. Es folgte die Berlinblockade von 1948/49, in der sowjetische Truppen alle Straßen nach West-Berlin blockierten. Der Westen umging die Blockade durch eine Versorgung über den Luftweg, der Berliner Luftbrücke. Mit der Gründung der beiden geteilten Deutschen Staaten 1949, der Bundesrepublik Deutschland (BRD) und der Deutschen Demokratischen Republik (DDR), wurde die eiserne Trennung innerhalb Europas bekräftigt. In der Folgezeit wurden von Seiten der UdSSR zwei Organisationen als Äquivalente zu westlichen gegründet. Als Gegengewicht zum US-Amerikanischen Marshallplan, der für den Aufbau Westeuropas sorgte, wurde der „Rat für gegenseitige Wirtschaftshilfe" (RGW) gegründet. Die sowjetische Antwort auf die

NATO, dem westlichen Verteidigungsbündnis, war der Warschauer Pakt, der 1955 ins Leben gerufen wurde.

Nach Stalins Tod im März 1953 brach im Politbüro ein Kampf um seine Nachfolge aus. Als Sieger ging Nikita Chruschtschow (1953 – 1964) hervor. Auf dem XX. Parteitag der KPdSU im Februar 1956 hielt er seine berühmt gewordene Geheimrede, in der er den Personenkult um Stalin missbilligte und die Entstalinisierung einleitete. Hierbei wurden die stalinistischen Verbrechen aufgedeckt und verurteilt. Zahlreiche Gulag-Häftlinge erhielten Amnestie, viele Straflager wurden geschlossen. Die Zensur wurde reduziert und die Macht des Geheimdienstes eingeschränkt. Der Massenterror der Stalinzeit endete und eine neue liberalere Politik setzte ein. Auf dem Parteitag wurde neben der Entstalinisierung das Prinzip der „friedlichen Koexistenz" eingeleitet. Die Entscheidung, welches der beiden Systeme das Bessere sei, sollte in einem friedlichen Wettbewerb geregelt werden. Durch Systemkonkurrenz wollten die Sowjets den Kapitalismus auf wirtschaftlichem Wege besiegen. Chinas kommunistische Partei verurteilte diesen „weichen" Kurs gegenüber den Vereinigten Staaten und distanzierte sich von der Sowjetunion, das kommunistische Lager spaltete sich zunehmend auseinander.

Nicht nur in der Politik, sondern auch im kulturellen Leben machten sich Liberalisierungstendenzen bemerkbar. Chruschtschows Amtsperiode wird als „Tauwetter" bezeichnet, benannt nach einem Roman von Ilja Ehrenburg. Die Kunstschaffenden der Stalin-Ära waren durch die totale Vereinnahmung durch die Partei geprägt. Autoren, Künstler oder Musiker durften ihre Kunst nur veröffentlichen, wenn sie die Vorgaben des „Sozialistischen Realismus" befolgten. Dieser war geprägt durch eine nüchterne Wirklichkeitsnähe ohne jegliche Form von Abstraktion. Das sozialistische Leben der Arbeiter sollte in den Vordergrund gestellt und ein durchweg positives Bild gezeichnet werden. Die Tauwetter Periode brachte eine Auflockerung der inneren Kultur und mehr Freiheiten für die Kunstschaffenden der Ostblockstaaten. Nun konnten Missstände ansatzweise angeprangert werden. Metaphorisch gesehen endete mit der Stalin-Periode eine „Eiszeit" und das „Tauwetter" folgte, eine erstarrte Gesellschaft taute langsam auf.

Trotz Chruschtschows liberalerer Politik blieb die Sowjetunion ein repressives Regime. 1953 wurde ein Volksaufstand in der DDR niedergeschlagen, drei Jahre später rollten sowjetische Panzer in Ungarn ein, um einen Aufstand zu beenden. Da immer mehr Menschen die DDR verließen, erhielt Walter Ulbricht die Genehmigung, Westberlin von der DDR abzuriegeln. Am 13. August 1961 wurde die Berliner Mauer gebaut, der Eiserne Vorhang wurde zementiert. Der bedeutendste Konflikt zwischen den Siegermächten war unter Chruschtschow die Kuba-Krise. Da die UdSSR damit begonnen hatte, Sprengköpfe und Soldaten auf Kuba zu stationieren, errichteten die Vereinigten Staaten eine Seeblockade. Die Situation drohte zu eskalieren, ein erneuter Weltkrieg drohte. Schließlich lenkten beide Großmächte ein. Sowjetische Raketen auf Kuba wurden abgezogen. Im Gegenzug erklärte die USA sich dazu bereit, nicht in Kuba einzufallen sowie Atomwaffen aus der Türkei abzuziehen.

Wirtschaftlich konnte die Sowjetunion einige Erfolge verbuchen. Galt zur Stalinzeit, teilweise kriegsbedingt, die Schwerindustrie als wichtigster Sektor, so wurde nun die Elektrifizierung vorangetrieben und die Chemiewirtschaft ausgebaut. Die landwirtschaftliche Produktion sollte verbessert und die Konsumgüter-Produktion gesteigert werden. Chruschtschow förderte aktiv den sozialen Wohnungsbau. Als besondere Leistung sind die Erfolge in der sowjetischen Raumfahrt hervorzuheben. Mit Sputnik 1 startete 1957 der erste Satellit seine Reise in den Weltraum, 1961 folgte mit Juri Gagarin der erste Mensch. Ungeachtet dieser Erfolge waren viele Mitglieder des Zentralkomitees (ZK), dem wichtigsten Gremium der UdSSR, mit der Politik Chruschtschows unzufrieden. 1964 wurde er schließlich zum Rücktritt gezwungen.

Auf Chruschtschow folgte Leonid Breschnew (1964 – 1982). Er hob viele Bestimmungen seines Vorgängers auf, beendete die Politik der Entstalinisierung und nahm viele Reformen zurück. Repressionen gegen das Volk nahmen wieder zu, die Meinungsfreiheit wurde massiv eingeschränkt. Das Bild von Stalin wurde wieder positiv gezeichnet und besonders seine „Heldentaten" während des „Großen Vaterländischen Kriegs" hervorgehoben. Er habe die UdSSR industrialisiert, eine wichtige Voraussetzung für den folgenden Sieg im Weltkrieg. Das er fast die gesamte Führungsriege des Militärs umgebracht und halb Europa in einem Eroberungskrieg unterworfen hatte, wird dabei oft ausgeblendet. Noch heute hält der Mythos über Stalin.

Die Amtszeit Breschnews wird als Periode der „Stagnation" bezeichnet. Ein zunehmender Zentralismus ist festzustellen, die Macht der Nomenklatura stieg. Die Führungsschicht des ZK war stark überaltert und konservativ geprägt.

1980 lag das Durchschnittsalter der Politbüromitglieder bei über 70 Jahren. Die Korruption in allen Lebensbereichen stieg, Vetternwirtschaft und der Schwarzmarkt blühten auf. Außenpolitisch prägte der Generalsekretär die Breschnew-Doktrin. Sie ging von einer beschränkten Souveränität der sozialistischen Staaten aus und bei Bedrohung des sozialistischen Systems nahm sich die Sowjetunion das Recht heraus, in den jeweiligen Staaten zu intervenieren. In Zusammenhang mit der Breschnew-Doktrin fällt der „Prager Frühling". Die Tschechoslowakei versuchte mehr Unabhängigkeit vom mächtigen Verbündeten zu erhalten. Ihr Motto lautete: „Sozialismus mit menschlichem Antlitz". Jedoch wurde die Reformbewegung gewaltsam niedergeschlagen. Die Hoffnungen der Ostblockstaaten auf mehr Unabhängigkeit wurden damit beendet.

Als Gegensatz zu dieser Interventionspolitik steht in den 1970er Jahren eine Entspannungspolitik. Auf der Konferenz über Sicherheit und Zusammenarbeit in Europa (KSZE) in Finnland wurde 1975 die Schlussakte von Helsinki unterzeichnet. Sie enthielt wichtige Vereinbarungen über Menschenrechte und der Zusammenarbeit zwischen Ost- und Westeuropa. Immer mehr osteuropäische Dissidenten beriefen sich auf die

Grundlage dieser Schlussakte. Kleine Bürgerrechtsbewegungen, die sich gegen den sowjetischen Totalitarismus stellten und für mehr Demokratie eintraten, bildeten sich heraus. Diese Bewegungen trugen später die Revolutionen in Osteuropa, darunter die 1980 aus einer Streikbewegung entstandene polnische Solidarnosc-Bewegung.

Unter dem Bundeskanzler Willy Brandt (1969 – 1974) verfolgte die BRD eine neue Ostpolitik, die eine Entspannung zwischen der BRD und der UdSSR einleitete. Zwischen der Sowjetunion und der USA wurde in den SALT-Verträgen der nukleare Rüstungsrückbau beschlossen. Die Entspannungspolitik wurde mit der sowjetischen Intervention in Afghanistan 1979 beendet. Sowjetische Truppen marschierten in dem zentralasiatischen Land ein. Der von 1979 – 1989 dauernde Krieg entwickelte sich zu einem Desaster und trug zum Niedergang der Sowjetunion bei. Der Sowjetische Afghanistankrieg wird oft mit dem US-Amerikanischen Vietnamkrieg verglichen.

Auf die Ära der Stagnation folgte eine erneute Reformperiode. 1985 wurde Michail Gorbatschow (1985 – 1991) zum Generalsekretär der KPdSU. Er nahm sich eines umfassenden Reformwerks an: der „Perestroika" (Umbau) und „Glasnost" (Transparenz). Das Leben in der UdSSR sollte gesellschaftlich, politisch und wirtschaftlich umgebaut und modernisiert, der Sozialismus aber nicht abgeschafft werden. Eine langsame Demokratisierung wurde eingeleitet und mehr Meinungs- und Pressefreiheit zugestanden. Die Dringlichkeit der Reformen verdeutlichte wieder mal ein Krieg, wie auch schon zur Zeit der Zaren: Der Afghanistankrieg, der für die Sowjetunion miserabel endete. Die sowjetische Planwirtschaft konnte immer weniger mit der kapitalistischen Marktwirtschaft mithalten. Die hohe Korruptionsrate und die Militärausgaben im Wettlauf mit den USA belasteten den Staatshaushalt zusätzlich.

Im Folgenden sollen die wichtigsten Reformen der Perestroika zusammengefasst werden. Die sowjetische Planwirtschaft sollte dezentralisiert und modernisiert werden. Marktwirtschaftliche Elemente sollten Einzug erhalten, ohne jedoch ganz vom Kommunismus abzuweichen. Gorbatschow gestand prinzipiell freie Wahlen zu und wollte den Rechtsstaat ausbauen, ohne aber die Vormachtstellung der KPdSU zu brechen. Den Bürgern sollte mehr Wohlstand geboten und das Wettrüsten mit den USA beendet werden. Außenpolitisch schaffte Gorbatschow die Breschnew-Doktrin ab, die die Ostblockstaaten dazu anregte, selbst Reformen vorzunehmen.

Perestroika und Glasnost legten in zunehmendem Maße die politische und wirtschaftliche Krise der UdSSR offen. Immer weniger Menschen waren bereit, an die Versprechungen einer leuchtenden Zukunft im Sozialismus zu glauben. Mit ihren Reformen wollten Gorbatschow und seine führenden Politiker nicht den Untergang der Sowjetunion herbeiführen, sie erhofften sich vielmehr, den Sozialismus zu stärken. Jedoch wurden sie von der Eigendynamik der Ereignisse überrollt.

Im März 1990 erklärte mit Litauen die erste Teilsowjetrepublik ihre Souveränität. Im August 1990 folgten Estland und Lettland, im April 1991 Georgien. Der Augustputsch 1991 beschleunigte den Zerfall der Sowjetunion, Gorbatschow trat als Generalsekretär zurück, blieb aber bis Dezember 1991 Staatspräsident der UdSSR. Im gleichen Monat erklärten die Ukraine, Weißrussland, Moldawien und Kirgisistan ihre Unabhängigkeit. Im September folgten Usbekistan, Tadschikistan und Armenien, im Oktober Aserbaidschan und Turkmenistan und als letztes Land erklärte Kasachstan seine Souveränität. Die RSFSR gab im Dezember 1991 die Auflösung der Sowjetunion als Völkerrechtssubjekt bekannt, Gorbatschow trat am 25. Dezember als Staatspräsident zurück. Die Russische Föderation wurde zum Rechtsnachfolger der Sowjetunion bestimmt, wohingegen die anderen 14 Unionsrepubliken zu unabhängigen Staaten wurden.

Ausblick: Russland heute

Heute ist Russland bzw. die Russische Föderation mit ca. 17 Millionen km² flächenmäßig der größte Staat der Welt und mit 144,5 Millionen Einwohnern das 9. bevölkerungsreichste Land der Erde. Allerdings ist die Bevölkerung sehr ungleichmäßig verteilt: Während im europäischen Teil ¾ der Einwohner leben, ist das östliche Sibirien mit nur ¼ der Bevölkerung sehr dünn besiedelt. Russland ist als „Folgestaat" der Sowjetunion eine Föderative Republik, die aus acht Föderationskreisen und 85 Föderationssubjekten besteht. Da im heutigen Russland über 100

Ethnien leben, ist dieser ein Vielvölkerstaat. Eine richtigere Übersetzung der russischen Staatsbezeichnung „*Rossikskaja Federazija*" wäre: „Russländische Föderation". Dieser Begriff schließt neben den ethnischen Russen, die über 80 Prozent der Einwohner ausmachen, die anderen Volksgruppen mit ein.

Nach dem Untergang der Sowjetunion, welchen der amtierende russische Präsident Wladimir Putin (seit 2000) als größte geopolitische Katastrophe des 20. Jahrhunderts bezeichnete, führte Präsident Boris Jelzin (1991 – 1999) eine Privatisierung der Wirtschaft durch. Dadurch geriet das Land in eine Transformationskrise, diese Periode wird auch „die Wilden 90er Jahre" genannt. Soziale Absicherungen der Sowjetunion entfielen, ein Großteil der Bevölkerung verarmte, während sich eine kleine Kaste, die „Oligarchen", fast die gesamten Unternehmen unter den Nagel gerissen haben. Die zunehmende Inflation der 90er Jahre führte 1998 zur Zahlungsunfähigkeit des Staates. Aufgrund der chaotischen Verhältnisse waren immer mehr russische Staatsbürger mit Jelzins Regierung unzufrieden. Die Geburtenrate sank, Kriminalität und Alkoholismus blühten auf. Bei vielen Russen machte sich das Gefühl breit, Russland sei von seiner Rolle einer führenden

Großmacht auf die eines Schwellenlandes degradiert worden.

Unter dem neuen Präsidenten Wladimir Putin konnten sich die Verhältnisse wieder normalisieren. Seine erste Amtsperiode war noch von dem Versuch begleitet, einen gemeinsamen Weg mit dem Westen zu finden. Mit der Zeit entfernte sich Putin von diesem Vorhaben. Seine heutige Wirtschaftskraft entnimmt der russische Staat seinem großen Rohstoffreichtum. Ab 2004 leitete Putin einen Umbau des Staatswesens ein. Es bildete sich das heutige Regierungssystems Russland heraus. Hierbei bezog sich Putin auf die zwei vorhergegangenen Epochen: Der Epoche der Zaren und der Sowjetunion. Mit seinem Prinzip der „Macht-vertikale" stärkte er die Macht der Exekutive. Das heutige Regierungssystem Russlands wird „gelenkte Demokratie" genannt.

Mit der Annexion der Krim 2014, das Russland als seine Einflusssphäre sieht, wurde die Beziehung Russlands zum Westen nachträglich geschädigt. Damit soll dieses Buch enden. Sie haben in Grundzügen Kenntnisse über das „alte" Russland des Mittelalters erhalten, von der Kiewer Periode über die Christianisierung des „altrussischen" Volkes bis zum Einfall der Mongolen unter Dschingis Khan. Ab Iwan IV. begann sich das

„neu gegründete" Zarenreich dem Westen anzunähern, bis unter Peter I. das Fenster in den Westen geöffnet wurde und Russland eine wichtige Rolle im 19. sowie 20. Jahrhundert als eine führende Großmacht spielte. Das heutige Russland will an diese Geschichte anknüpfen. Und genau deshalb sollten Sie nun in der Lage sein, Russland und sein Handeln besser zu verstehen.

Herstellung und Verlag:

BoD – Books on Demand, Norderstedt

ISBN: 9783755754534

1. Auflage

Kontakt: Psiana eCom UG/ Berumer Str. 44/ 26844 Jemgum

Covergestaltung: Fenna Larsson

Coverfoto: depositphotos.com